NGĀ HAPA REO

Published by Oratia Books, Oratia Media Ltd, 783 West Coast Road, Oratia, Auckland 0604, New Zealand (www.oratia.co.nz).

Copyright © 2024 Hona Black (text)
Copyright © 2024 Te Aorangi Murphy-Fell (text)
Copyright © 2024 Oratia Books (published work)

The copyright holders assert their moral rights in the work.

This book is copyright. Except for the purposes of fair reviewing, no part of this publication may be reproduced or transmitted in any form or by any means, whether electronic, digital or mechanical, including photocopying, recording, any digital or computerised format, or any information storage and retrieval system, including by any means via the Internet, without permission in writing from the publisher. Infringers of copyright render themselves liable to prosecution.

ISBN 978-1-99-004259-1
Ebook ISBN: 978-1-99-004267-6

Māori language editor: Darryn Joseph
Editor: Ella Fischer
Designer: Cheryl Smith

First published 2024
Reprinted 2024

Printed in China

NGĀ HAPA REO

COMMON MĀORI LANGUAGE ERRORS

×

HONA BLACK & TE AORANGI MURPHY-FELL

Rārangi upoko

He kupu whakataki 8

1 Ngā hapa ā-kupu 18
2 Ngā hapa wetereo 60
3 Ngā hapa ā-whakaaro 116
4 Ngā hapa pūmuri 142
5 Ngā hapa whakakāhore 160
6 Ētahi anō hapa 174

Ngā tohutō 187
He kuputohu 192

Contents

Introduction 9

1 Errors in the use of words 19
2 Errors in grammar 61
3 Errors of influence 117
4 Errors in the postposed particle 143
5 Errors in negation 161
6 Other errors 175

Macrons 187
Index 192

He poroporoaki

E Hapa, whāia te toi huarewa ki te toi o ngā rangi e rongo ai koe i te pūāhurutanga o ngā parirau atawhai o Kūare. Whāia te ara whawhati kō ki tō mūnga e tau atu ai koe ki te pari o te rua mahara o Kore. Whāia te aka o te rangi ki te ikapahitanga o pōrearea noa mā e takoto mai ai koe i te moenga o te āke, āke.

Waiho ko Hapa hei tuinga ki te taura hererua, ko tātou, ko ngā pononga o te reo kia tika, ki a tātou. Kia takoto ake i konei tā tātou e āki nui nei: 'Nau mai, haere, e Hapa. Kei noho!'

This poroporoaki is written in the style of formal oratory that personifies 'hapa' ('error') and uses a range of metaphors to describe the journey toward language excellence.

He kupu whakataki

Kei ngā uri o te reo Māori, tātou e whai nei ki te ruke, ki te papare i tēnei weriweri, i tēnei whakapōrearea, i a Hapa, ki rahaki, tēnā tātou katoa. Tēnā tātou e hīkoi nei i tēnei ara o moehewa ki te reo kia tika, i tēnei ara ka kīia he hīkoinga mutunga kore. Kāore e kore ko ētahi o tātou kua roa e hīkoi ana i tēnei ara, ko ētahi anō pea kātahi anō ka tahuri mai. Heoi, ahakoa te taumata, ahakoa te mōhio, ahakoa te kore rānei e mōhio — nau mai, haere mai!

Kei pātai mai koutou, he aha rā te tokorua nei i tahuri ai ki te tuhi i tētahi punua rauemi e aro ana ki te hapa? Kātahi hoki te kaupapa ko tērā! Kia pēnei pea te kōrero, he matarua te pūtakenga mai o te rauemi nei, mātua rā te whakaohoohoo i a tātou kāore i te mōhio ki tēnei weriweri, ki a Hapa me āna tamariki e ora pai nei, e huna hoki nei i ō tātou reo. Ki te kore tātou e tūtaki i te weriweri nei, rae ki te rae, ka whakatangata whenua ia i a ia anō i roto i a tātou, i ā tātou tamariki, i ā tātou mokopuna, haere te wā. Ko te tuarua, ko te āpiti i tētahi rauemi ki tētahi wāhanga o te puna rauemi reo Māori kāore e pērā rawa ana te mātotoru. Arā te mahi a te rauemi e whakatauira mai ana i ngā momo tikanga wetereo, i ngā momo kīwaha, i ngā momo kīanga, i ngā momo whakataukī o te reo Māori, me te huhua kē noa atu. Ahakoa te mātotoru o ēnei momo rauemi, torutoru noa iho ērā e aro kau ana ki ngā hapa o te reo e rite tonu nei te puta i ngā māngai o te hunga kōrero Māori, ahakoa te taumata o te matatau.

He nui tonu te whakaaweawetia mai o tō tātou reo e te reo Pākehā me ōna whakaaro kua roa e whakararu ana i te āhua o tā tātou kōrero, me tā tātou noho i te ao Māori. Ehara, he nui ēnei hapa kua tangata whenua, ā, kua pōhēhē pea tātou i ōna wā ehara ia i te hapa. Koirā te āhua o te noho i tētahi ao e whakatuanuitia ana ki te reo Pākehā, ā, kua noho ia hei reo mātāmua mō te nuinga.

Introduction

Learners of the Māori language, those of us seeking to rid our languages of errors, greetings to us all. Greetings to those of us in the pursuit of this dreamful and never-ending path for our language to be forever correct. No doubt many of us who have picked up this resource have been treading this path for some time, while others may have only recently turned to this pursuit. Regardless of this longevity (or lack thereof), proficiency (or lack thereof) and knowledge (or lack thereof) — welcome!

Lest you ask the question, why did these two decide to co-author a resource with a specific focus on errors? Not a subject for the faint-hearted. It should be said here that the origins of this resource are two-fold. First and foremost, it was to ensure that those of us who are unaware of the errors hiding within our languages (and wish to uncover them) have a resource that could bring these to light. If we were never to come across these errors, they would make themselves at home in our language, and the language of our children, and their children over time. Second, it was to serve as a resource which could be added to a section of the current Māori language corpus that hasn't yet been serviced to its full potential. We are fortunate to have a growing myriad of Māori language resources focused on grammar, idioms, expressions and proverbial sayings, along with others. Despite this, there remain few that focus solely on errors of the language, which are regularly heard among Māori language speakers, across all levels of fluency.

The influence of the English language on modern day usages of the Māori language, and its associated thought structures, can't be underestimated and often continues to trouble our speech and

Heoi, me kī ake māua i konei, ehara i te mea he hāpaki riha, he kimi kutu tā māua i tēnei pukapuka. E hē! Ko tā māua kē he whakatuwhera i te ngākau o tēnā, o tēnā ki te hapa. E hia nei ngā wā kua rongo māua i te wehi, i te mataku o tēnā, o tēnā ki te kōrero i te reo i runga i te horokukū ka puta he hapa. Engari me pōhiri kē tātou i a ia kia kuhu mai i ngā tatau o tō tātou whare, ka whāngaia ki te tika, ka tukuna ai kia haere. Kāti, ki te kore ō tātou ngākau e tuwhera ki te hapa, kua kore te tangata e mōhio, kua kore hoki te tangata e ako, ā, he aha rā te hua o tērā? He iwi hapa tātou, nō reira pōhiritia ia, ka tuku ai i a ia kia haere.

Ko ngā hapa o te pukapuka nei, he mea kohi nā māua i roto i ō māua haerenga i te reo Māori, ka whakamoanatia ai ki ētahi whārangi. Nā konā ā māua mihi ka rere ki te puna i ahu mai ai ēnei kōrero e takoto mai nei i ngā whārangi o te pukapuka nei. Ko taua puna tonu rā hei taunga mō ngā hua o te rauemi nei kua roa e manako nuitia ana e māua.

Nō reira, mehemea e rite mai ana koe kia whakatuwheratia ngā tatau ki tēnei weriweri autaia nei, ki a Hapa, nau mai, haere mai! Ka kuhu mai ana ia ki tō whare, kīia atu ia kia titiro mai ki te kanohi tuku i a ia ki te pō!

HE KŌRERO WHAKAKAPE

Kāore e kore ka whakahē mai pea ētahi o koutou i ā māua whakapae e takoto mai ana i ngā whārangi o te pukapuka nei. Kāti, kei tēnā, kei tēnā ōna ake whakaaro, ā, kei a māua ō māua. Ko ētahi o ēnei hapa kua roa e tangata whenua ana i te reo, nō reira, kua oma kē pea te kāta i mua i te hōiho? Ka mutu, koirā tonu te āhua o te reo, ka huri, ka whanake. He pēnei i tā te moa takahi i te rātā, ahakoa te hē o te tipu, ka mahi tonu te rākau i tāna mahi. I te mutunga iho, kei te hunga kōrero Māori ā tua atu. Ko te mea nui ki a māua, ko te

interactions in the Māori world. Indeed, many of the resulting errors have become a normal part of the language, leaving us to think that they are correct. That is the reality when we live in a world that is dominated by English, which has become the language of choice for most.

Regardless, let it be said that we are not here to catch lice. Definitely not! We hope instead to open hearts and provide encouragement to those willing to embrace errors. How many times have we heard the trepidation of those not wanting to speak the language through fear of making a mistake? Let us be understanding and welcoming of these errors, for that may enable us to correct, and thus bid them farewell. If we serve not to be welcoming, we will never know and never learn — what could possibly be the benefit of that? We are a people who make errors, therefore be welcoming of this, and then send that concern on its merry way.

The errors contained in this book are ones that we have collected over time, through our interactions in the Māori language. Therefore, our thanks go to the wide pool from which we have sourced the corpus contained in this book. We intend and hope that it will serve as a resource to realise the benefits of learning the Māori language, which has long been desired by us.

DISCLAIMER

Some might disagree with some of our assertions in this book. Everyone is entitled to their opinions, and these are merely ours. Some of the errors have become so entrenched that perhaps the cart has gone before the horse? Furthermore, that's what languages are like — they change and adapt. Much like the moa that stomped on the rātā; even though it's bent out of shape, the tree still grows. In the end, it's in the hands of Māori-language speakers. The main thing to both of us is that these issues are being discussed and considered.

kōrerohia, ko te wānangahia hoki o ngā tauira o te pukapuka nei.
   Hei āpiti atu ki ngā kōrero o runga ake, he whakamōhio noa atu tēnei i tā māua whai kia hāngai ngā whakamārama o te pukapuka nei ki te pūnaha wetereo a Leon Te Heketū Blake rāua ko Pānia Papa. He wā ōna ka tukituki pea ētahi o ngā kupu wetereo nei (pēnei i te 'taunga') ki ērā o ngā pūnaha wetereo kua whakaritea mai e ētahi atu. Heoi, kua whāia tonutia e māua i runga i tō māua taunga ki te pūnaha nei, ki ōna whakamārama, me ōna whakatakoto. Ko ā māua mihi ki te tokorua nei.

TE WHAKATAKOTO

He punua rerekē te takoto o ngā kōrero i ngā whārangi o tēnei pukapuka, tērā i ērā kei *He Iti te Kupu*, kei *Te Reo Kapekape* anō hoki. He reorua tonu tēnei pukapuka, heoi, kei te whārangi kotahi ngā reo e rua (te reo Māori me te reo Pākehā) e takoto mai ana. E toru hoki ngā tauira o tēnā hapa, o tēnā hapa — ko ētahi he māmā, ko ētahi he paku uaua ake.

E pēnei nei te takoto o ngā whārangi:

[Upoko]
Tauira matua (Hapa)

Whakamārama — Māori
Whakamārama — Pākehā

Tauira tuatahi
Incorrect: Tauira (Hapa)
Correct: Tauira (Whakatikahanga)

As a further disclaimer, the Māori explanations contained within this book are based on the grammatical system developed by Leon Te Heketū Blake and Pānia Papa. There are times when some of the grammatical terms used (such as 'taunga') may clash with terms in grammatical systems established by others. However, we have followed this system, along with its explanations and layouts, due to its familiarity to us. We acknowledge both of them for this.

THE LAYOUT

The layout of this book and its pages is slightly different to those of *He Iti te Kupu* and *Te Reo Kapekape*. While this is still a bilingual resource, both languages (Māori and English) are contained on a single page. There are three examples of each error — some that highlight easier uses and others that are more difficult.

The pages are set out in the following structure:

[Heading]
Main example (Error)

Explanation — Māori
Explanation — Pākehā

Example one
Incorrect: Example (Error)
Correct: Example (Correction)

Tauira tuarua
Incorrect: Tauira (Hapa)
Correct: Tauira (Whakatikahanga)

Tauira tuatoru
Incorrect: Tauira (Hapa)
Correct: Tauira (Whakatikahanga)

I ōna whārangi kua āpitihia ki te remu tētahi ture wetereo e hāngai ana ki taua hapa me kore e pūrangiaho ake te māramatanga ki ngā hapa o te pukapuka nei. I ōna wā, ina tika te wetereo, engari e hē ana te whakamahinga o te kupu, kua kuhuna atu tētahi whakapākehātanga hei whakamārama i te tikanga ake o te tauira matua.

Me kī pēnei ake i konei, kāore māua i whai kia tino hāngai pū te reo Pākehā ki ngā kōrero ake kei te reo Māori. Engari kē ia i whai māua kia mārama ngā kupu i ngā reo e rua. I ōna wā, he kōrero āpiti pea e takoto mai ana i tētahi reo, ā, he kōrero rānei pea kua mahue i tērā atu reo. Heoi, i tōna otinga atu, mātāmua rā ko te pūrangiaho o te māramatanga ki ngā whakamārama kei tēnā whārangi, kei tēnā whārangi.

Example two
Incorrect: Example (Error)
Correct: Example (Correction)

Example three
Incorrect: Example (Error)
Correct: Example (Correction)

To support some of the explanations a grammatical rule is stated in the footer of some pages, in the hope that the error is better understood as a result. At times, when the grammar is correct but the semantics aren't, we have inserted an English translation to explain the actual meaning of the main example.

Let it be said here, we didn't try to make the explanations in the English language match directly or be a direct translation of the Māori-language explanations. But rather, we endeavoured to ensure that the explanations in both languages would be understood. At times there may be additional or supplementary material provided in one language but not the other.

NGĀ RAUEMI | RESOURCES
Tēnei te mihi ake ki ēnei rauemi, me ōna kaituhi, i tautoko mai i tā māua tuhinga.

We would like to give thanks to the resources below, which have supported the writing of this book, along with their authors.

Harlow, R., *A Māori Reference Grammar.* Huia Publishers, 2015.
Jacob, H., *He Iti Kahurangi.* Te Tākupu, Te Wānanga o Raukawa, 2015.
Kelly, K., *Aspects of change in the syntax of Māori — a corpus-based study.* Unpublished doctoral dissertation, Victoria University of Wellington, 2015.
Te Taura Whiri i te Reo Māori, *He Pātaka Kupu: Te Kai a te Rangatira.* Raupō, 2008.
Moorfield, J.C., *Te Aka: Māori Dictionary.* maoridictionary.co.nz (2003–2024).

NGĀ TOHU POTO | ABBREVIATIONS

Tohu Poto	Ingoa Māori	Ingoa Pākehā
[mahi]	tūmahi	verb
[whiti]	tūmahi whiti	transitive verb
[wheako]	tūmahi wheako	experience verb
[hāngū]	tūmahi hāngū	passive verb
[taunga]	taunga	object/subject
[tūmoko Māori]	tūmoko Māori	Māori personal noun
[tūmoko Pākehā]	tūmoko Pākehā	English personal noun
[tūpou]	tūpou	pronoun
[kaimahi]	kaimahi	subject
[nama]	nama	number
[hua]	hua	result
[oti]	tūāhua oti	stative
[āhua]	tūāhua	adjective

1
Ngā hapa ā-kupu

Hei whakakorikori i te pīnati, ko ngā hapa ā-kupu te matakahi maire i tēnei o ā tātou pukapuka, e whai nei kia turaki i tēnei weriweri, i a Hapa, ki raro! Ko te nuinga o ngā kupu i tēnei upoko, ahakoa kāore e hē ana te kupu, ko ngā horopaki e whakamahia nei ērā kupu, kei te hē. Ko ēnei pea ētahi o ngā hapa kua tino tangata whenua i te reo o ētahi. He wā ōna ka whakarāpopotohia e te tangata te kupu i runga i te pōhēhē ko taua kupu tonu tērā. Ko te 'awhi' pea tētahi tauira. He wā hoki ōna kei te whakamāori noa tātou i tētahi kupu Pākehā, engari i te reo Māori he nui kē atu ōna whakamāoritanga, engari mā te horopaki e whakatau ko tēhea te mea e hāngai ana, e tika ana. Ā, he wā ōna ka tīkina ake, ka mirimiria rānei ētahi kupu Māori mō tētahi horopaki hou kua ara ake. Ko te 'tapuhi' pea tētahi tauira. I ngā wā o mua he tūmahi, engari kua tūingoa hoki ināianei. Kāore e kapi i tēnei upoko ngā kupu katoa. Heoi, kia kī ake rā māua, e ora ai te reo, me huri. Kei a tātou, kei ngā kaikōrero Māori, te mana ki te whakatau i te tika, i te hē rānei o ētahi kupu i ētahi horopaki. Ko te mea nui kia kaua tātou e tuku i a tātou anō kia arahina e te reo Pākehā. Ki a māua, he hapa ēnei me pare ki rahaki. Kei a koutou ā muri atu.

1
Errors in the use of words

Errors in the use of words will serve as the 'opener' to this book that seeks slowly to remove errors from our vocabulary. Let it be said here that for many of the errors covered in this section, it is not the word itself that is incorrect, but rather the contexts and situations in which it is used. These are perhaps some of the errors that have taken root in the language of many. At times, a word is shortened with the intention that the original and intended meaning remains the same — 'awhi' serves to exemplify this. Other times we may merely use Māori words to translate an English equivalent without realising that certain options may not be relevant or appropriate for the context. There are also other times that we repurpose or alter a word for a new context that has arisen. 'Tapuhi' is an example of a word that was once used only as a verb, and now is also used as a noun. This chapter won't cover all these words. But let us just say that in order for a language to live on, it must adapt. We, as speakers of te reo Māori, will determine whether a word is correct or not in given circumstances. However, the main thing is that we do not allow the English language to take the lead and guide us. The following are errors we think should be corrected. The rest is up to you.

Ngā hapa ā-kupu

aua atu/ērā atu
Kāore au mō te aro ki <u>aua atu</u> tāngata.

Ka auau te whakamahia pēneitia o te 'aua atu' i ōna wā hei whakapākehā i te kīanga Pākehā, 'those others'. Ko tā te 'aua', he tohu i tō kore e mōhio, i tō kore rānei e hiahia ki te aro; he kōrero rānei mō ētahi mea takitini kua kōrero kētia. Whakamahia ai hoki te 'aua atu' hei tohu i te roa o te wā. Ki te kore e hāngai tō horopaki ki ēnei nā, kāore e kore ko te 'ērā' kē te kupu tika hei whakamahi māu.

This use of 'aua atu' is often used as a translation for the phrase 'those others' in English. 'Aua' signals one's ignorance or lack of interest in something; it's also used when talking about something aforementioned. The term 'aua atu' is also an idiom used to indicate that a long period of time has passed. If any of these do not apply in your intended context, it's likely that the word 'ērā' is the more correct one for you to use.

I'm not one for focusing on those other people.
Incorrect: Kāore au mō te aro ki <u>aua atu</u> tāngata.
Correct: Kāore au mō te aro ki <u>ērā atu</u> tāngata.

We're fortunate for those other ideas.
Incorrect: Mokori anō mātou i <u>aua atu</u> whakaaro.
Correct: Mokori anō mātou i <u>ērā atu</u> whakaaro.

Have you read those other books?
Incorrect: Kua pānui rānei koe i <u>aua atu</u> pukapuka?
Correct: Kua pānui rānei koe i <u>ērā atu</u> pukapuka?

awhi/āwhina
Nā tōku tuakana au i <u>awhi</u>.[1]

He rite tonu te karawhiua o te kupu nei, o te 'awhi', mō te tautoko, mō te pīkau rānei a te tangata i ngā mahi a tētahi atu e paku māmā ake ai te wāhi ki a ia. Heoi, ko te tikanga kē ia o te 'awhi', ko te kauawhi o ngā ringaringa i tētahi atu kia tata mai ai rātou ki tō uma (*He Pātaka Kupu*, 2008). Ko te kupu tika mō te tautoko i te tangata, ko te 'āwhina'.

The word 'awhi' is frequently used when referring to assisting or supporting others in their task(s) so that their burden is shared. However, 'awhi' actually means to physically embrace and hug someone with their arms so that they are close to their chest (*He Pātaka Kupu*, 2008). The correct word for supporting people is 'āwhina'.

My elder sibling helped me.
Incorrect: Nā tōku tuakana au i <u>awhi</u>.
Correct: Nā tōku tuakana au i <u>āwhina</u>.

Who will help me move?
Incorrect: Mā wai au e <u>awhi</u> ki te hūnuku?
Correct: Mā wai au e <u>āwhina</u> ki te hūnuku?

Why did you not help him/her?
Incorrect: He aha koe i kore ai e <u>awhi</u> i a ia?
Correct: He aha koe i kore ai e <u>āwhina</u> i a ia?

---

1   Translation: 'My elder sibling hugged me.'

hau kāinga/wā kāinga
I kōingo au ki te hau kāinga.

He rerekē te tikanga o te 'hau kāinga' i te 'wā kāinga.' Ko te 'wā kāinga' e hāngai ana ki tētahi wāhi, inarā, ki te tūrangawaewae o te tangata. Ko te 'hau kāinga' ia he kōrero mō te iwi, mō te hapū, mō ngā uri whakaheke o te marae e hāpai ana i te mana o te hapū. Nō reira ka kōrero wāhi ana tātou, ko te 'wā kāinga' kē te kupu tika hei whakamahi mā tātou.

'Hau kāinga' has a different meaning to 'wā kāinga'. The latter concerns a place, specifically a place where someone belongs through kinship. The word 'hau kāinga' on the other hand is for the tribe, for the sub-tribe and descendants of a marae who uphold the mana of the sub-tribe. So, if we are talking about a place, the word 'wā kāinga' is the correct one.

While I was in Africa, I missed home.
Incorrect: I a au i Āwherika, i kōingo au ki te hau kāinga.
Correct: I a au i Āwherika, i kōingo au ki te wā kāinga.

To the local people, thank you.
Incorrect: E te wā kāinga, tēnā koutou.
Correct: E te hau kāinga, tēnā koutou.

I must return to my homelands.
Incorrect: Me hoki au ki te hau kāinga.
Correct: Me hoki au ki te wā kāinga.

hinga/taka
*I taka au ki raro.*²

Ko te tikanga o te kupu 'taka', ko te heke iho o tētahi mea i tētahi wāhi teitei ki raro iho (*He Pātaka Kupu*, 2008), arā, ko te kupu 'drop', ko te 'fall off' rānei i te reo Pākehā. Mehemea e kōrero ana te tangata mō te takoto o tētahi mea i te papa i tū rā taua mea, ko te kupu 'hinga' kē te kupu e tika ana. Ka mutu, ki te whakamahia te kupu 'hinga', kāore pea he take o te āpiti atu i te kupu 'ki raro' ki te rerenga rā, heoi, kei te tangata te whiriwhiri.

The meaning of the word 'taka' is for something to fall down from somewhere high, downwards (*He Pātaka Kupu*, 2008); it is the equivalent of the word 'drop' or 'fall off' in English. If someone is referring to something that is horizontal on the ground where it was once upright, the word 'hinga' is the correct word. Furthermore, if the word 'hinga' is used, the words 'ki raro' (downwards) can be added, but are not always necessary.

I fell over.
Incorrect: I taka au ki raro.
Correct: I hinga au.

He fell over and bruised his body.
Incorrect: I taka ia, ā, i marū tōna tinana.
Correct: I hinga ia, ā, i marū tōna tinana.

The horse fell over because it was running too fast.
Incorrect: I taka ai te hōiho nā te tere rawa o tana oma.
Correct: I hinga ai te hōiho nā te tere rawa o tana oma.

---

2   Translation: 'I fell down (from a height).'

Ngā hapa ā-kupu

hopu/hao, hī, eke
*I hopu au i te tereina.*³

Ahakoa whakamahia ai te kupu 'catch' i te mahi a te horopaki reo Pākehā, ka tahuri ana tātou ki te reo Māori, e tika ana kia whakamahia ā tātou tini kupu e hāngai ana ki tēnā horopaki, ki tēnā horopaki. Kei raro iho nei ētahi tauira e whakaatu ana i ētahi momo kupu e tika ana kia whakamahia i aua horopaki rā. Kia kaua tātou e horokukū ki te toro i te papakupu e kitea ai ōna kupu e tika ana i ōna horopaki.

Despite the English word 'catch' being used in many different contexts, when we speak the Māori language we are forced to use our myriad words that are more relevant to the context in which the word 'catch' is being used. Below are some examples that show words that can be used in those contexts. We must also not be afraid of using a dictionary to find the right word for a specific context.

I caught the train.
Incorrect: I hopu au i te tereina.
Correct: I eke au i te tereina.

Tame caught a succulent fish.
Incorrect: I hopu a Tame i tētahi ika tuawhiti.
Correct: I hī a Tame i tētahi ika tuawhiti.

Don't you even think about catching whitebait.
Incorrect: Kei noho koe ka hopu īnanga.
Correct: Kei noho koe ka hao īnanga.

---

3   Translation: 'I (literally) caught the train.'

ka matua/ka mātua

Ka matua tēnā.[4]

Ka rawaka ana, ka pahawa ana, ka ea ana rānei tētahi āhuatanga i tētahi atu mahi, ko tēnei kīwaha tērā hei whiu mā te kaikōrero e whakaaturia ai tēnei āhuatanga. He pērā te tikanga o te kīwaha nei i te kupu 'suffice' i te reo Pākehā. Ko te raru kē ia i ōna wā, ka mahue i te kaikōrero te tohutō, ka mutu, ka poto rawa te whakahuatia o te kīwaha nei. E tika ai te whiu i te kīwaha nei, me whai kia whakahuatia te tohutō.

When a state is achieved, is sufficient, or is settled through an action, this idiom can be used to show this. Its meaning is much like the word 'suffice' in that the implied meaning is that it may not be in the best possible state, but it is good enough. Errors in the pronunciation of this idiom can arise when the speaker fails to observe the macron, resulting in the much shorter pronunciation. For this idiom to be correctly said, pronounce the macron on 'mātua'.

That will suffice.
Incorrect: Ka matua tēnā.
Correct: Ka mātua tēnā.

If gratitude is shown through pictures, that is sufficient.
Incorrect: Ki te tukuna ngā mihi mā te pikitia, ka matua tēnā.
Correct: Ki te tukuna ngā mihi mā te pikitia, ka mātua tēnā.

It will suffice if you attend two of the meetings.
Incorrect: Ka matua i tō whai wāhi mai ki ngā hui e rua.
Correct: Ka mātua i tō whai wāhi mai ki ngā hui e rua.

---

4 Translation: 'He will be a father.'

kī/kapi
Kua kī rānei ngā tūnga waka?[5]

Ka aroha te nui o ngā kupu i te reo Māori hei whakamāori i te kupu 'full'. Heoi, he rite tonu te toro a te tangata ki te kupu 'kī' hei whakaatu i tēnei whakaaro. Ko tā te kupu 'kī', he tohu i te nui, i te maha rānei e taea ana e tētahi mea te pupuri (*He Pātaka Kupu*, 2008). Hei tauira, ko te pātara wai, ko te taramu, ko te kete, me te puku. Arā kē noa atu ngā kupu hei whakamahi i ngā horopaki kāore e hāngai ana ki te taumata e taea ana e tētahi mea te pupuri. Ko te kupu tika i aua horopaki rā, ko te 'kapi'.

There are several words in the Māori language that carry the meaning of 'full'. However, we often use the word 'kī' as a translation, regardless of the context. The word 'kī' indicates the maximum amount that something can hold (*He Pātaka Kupu*, 2008); for example, a water bottle, a drum, a basket, and the stomach. There are several other words to use in contexts that do not relate to the maximum amount something can hold. The correct word to use in some of those contexts is 'kapi'.

Are the carparks full?
Incorrect: Kua kī rānei ngā tūnga waka?
Correct: Kua kapi rānei ngā tūnga waka?

The road was full of cars.
Incorrect: I kī katoa te rori i ngā waka.
Correct: I kapi katoa te rori i ngā waka.

All the spots are now full.
Incorrect: Kua kī katoa ngā tūranga ināianei.
Correct: Kua kapi katoa ngā tūranga ināianei.

---

5   Translation: 'Are those carparks filled up (with something)?'

kimi/kite

*I <u>kimi</u> au i aku kī.*⁶

Ko tā te kupu 'kimi', he tohu i tā te tangata rapu i tētahi mea e ngaro ana, kāore anō rānei kia kitea. Ko te kupu 'search' tōna whakapākehātanga. Heoi anō, ko tā te kupu 'kite', he tohu i te kitea o te mea e rapua ana, kua tūpono rānei te tangata ki tētahi mea. Ko tana whakapākehātanga, ko te kupu 'find'. He rerekē te tikanga o tētahi kupu i tētahi. Nō reira, me āta whakaaro te kupu e tika ana i te horopaki e kōrerohia ana e te tangata.

The word 'kimi' signals that someone is looking for something that is lost, or something that is yet to be found. The word 'search' is its translation. However, the word 'kite' signals that whatever was being sought has been found, or a person has come upon something. Its translation is the word 'find'. Because each word has a different meaning, the correct word should be considered for each context.

I found my keys.
Incorrect: I <u>kimi</u> au i aku kī.
Correct: I <u>kitea</u> e au aku kī.

Don't worry, they found it.
Incorrect: Kei māharahara, i <u>kimihia</u> e rātou.
Correct: Kei māharahara, i <u>kitea</u> e rātou.

The police haven't found the car yet.
Incorrect: Kāore anō ngā pirihimana kia <u>kimi</u> i te waka.
Correct: Kāore anō ngā pirihimana kia <u>kite</u> i te waka.

---

6   Translation: 'I looked for my keys.'

Ngā hapa ā-kupu

mārō/uaua
He <u>mārō</u> te tapahi wahie.[7]

He nui ngā kupu i te reo Māori mō ngā kupu 'hard' me te 'difficult', ka mutu, he kupu tō tēnā horopaki, he kupu hoki tō tēnā. Mēnā e kōrero ana te tangata mō te 'hard' o tētahi mahi, ko te 'uaua' te kupu e tika ana. E hāngai kē ana te 'mārō' ki te uaua o te whakapiko, o te wero, o te whakarerekē, o te aha rānei i tētahi mea (*He Pātaka Kupu*, 2008).

There are several words in the Māori language for the words 'hard' and 'difficult', and each context calls for a different word. If one was referring to how 'hard' a particular task was or is, 'uaua' is the correct word. The word 'mārō' refers to the difficulty in bending, in poking through, in changing something, and so forth (*He Pātaka Kupu*, 2008).

It is hard chopping firewood.
Incorrect: He <u>mārō</u> te tapahi wahie.
Correct: He <u>uaua</u> te tapahi wahie.

That exam was so difficult.
Incorrect: I tino <u>mārō</u> tērā whakamātautau.
Correct: I tino <u>uaua</u> tērā whakamātautau.

That was the most difficult thing I've done.
Incorrect: Koirā te mahi <u>mārō</u> katoa kua oti i a au.
Correct: Koirā te mahi <u>uaua</u> katoa kua oti i a au.

---

7   Translation: 'Chopping firewood is solid.'

moata/wawe
I <u>moata</u> taku hoki ki te moe.[8]

E rangiwhāwhā ana te kupu 'moata' i ēnei rā hei tohu i te mahi tōmua a te tangata i tētahi mahi. Heoi anō, e whakapae ana māua nō nakua tonu nei tēnei whakamahinga o te kupu nei. Whakamahia ai te kupu 'moata' mō te ata, ā, kāore i whakamahia mō te ahiahi, mō te pō rānei. Ko te kupu e tika ake ana i te ahiahi, i te pō rānei hei tohu i te tōmua, i te tere rānei o te whakatutukihia o tētahi mahi, ko te kupu 'wawe'.

The word 'moata' is currently used pervasively when speaking about someone doing something early. However, we think that this usage of the word is relatively new. The word 'moata' is used for the morning and not for the afternoon or night. The more correct word to use in those contexts, when highlighting promptness and the early completion of a task, is 'wawe'.

I went to bed early.
Incorrect: I <u>moata</u> taku hoki ki te moe.[9]
Correct: I <u>wawe</u> taku hoki ki te moe.

You should get to the meeting early.
Incorrect: Me tae <u>moata</u> atu koe ki te hui.
Correct: Me tae <u>wawe</u> atu koe ki te hui.

Why did you get here early?
Incorrect: He aha koe i tae <u>moata</u> mai ai?
Correct: He aha koe i tae <u>wawe</u> mai ai?

---

8   Translation: 'I went to bed early (in the morning).'
9   While this has become common usage, in our opinion this word is being used out of context.

ngaro/hinga, miere

I ngaro tō mātou tīma.[10]

Kāore i ārikarika ngā whakamahinga o te kupu 'lost' i te reo Pākehā. Heoi anō, i te reo Māori ko te tikanga o te kupu 'ngaro', ko te kore e mōhio ki te wāhi kei reira te tangata, kei reira rānei tētahi mea, tae atu ki te warewaretia o ētahi whakaaro, o ētahi kupu, o ētahi mea kē rānei. Ko ngā kupu kē e tika ana i ngā horopaki e hinga nei te tangata i tētahi kēmu, i tētahi aha kē rānei, ko te 'miere', ko te 'hinga' rānei.

There are a lot of uses of the word 'lost' in English. However, in the Māori language the word 'ngaro' refers to not knowing where someone or something is, as well as forgetting some thoughts, words and so forth. The correct words when referring to losing a game or similar, are 'miere' or 'hinga'.

Our team lost.
Incorrect: I ngaro tō mātou tīma.
Correct: I hinga tō mātou tīma.

I'll make them lose.
Incorrect: Ka ngaro rātou i a au.
Correct: Ka miere rātou i a au.

Good job, the Wallabies lost because they were useless.
Incorrect: Kaitoa i ngaro ai te kapa Warapī, he koretake nō rātou.
Correct: Kaitoa i miere ai te kapa Warapī, he koretake nō rātou.

---

10   Translation: 'Our team got lost.'

ōrite/kotahi
I haere māua ki te kura ōrite.

Ko tā te kupu 'ōrite' he whakataurite i ētahi mea e rua, tangata mai, kai mai, aha atu mai rānei. Ko te kupu 'rerekē' tōna tauaro. Heoi, i ōna wā, ka whakamahia kētia e te tangata hei kōrero mō te wāhi kotahi, mō te wā kotahi rānei. Ki te kore te rerenga e hāngai ki te whakataurite, ko te kupu tika hei whakamahi i aua horopaki ko te 'kotahi'.

The word 'ōrite' ('same') is used when comparing two things, such as people, food and so on. The word 'rerekē' ('different') is its opposite. However, sometimes people use ōrite when referring to the same place or the same time. If the phrase does not involve comparisons, the correct word to be used in those contexts is the word 'kotahi'.

We went to the same school.
Incorrect: I haere māua ki te kura ōrite.
Correct: I haere māua ki te kura kotahi.

We returned at the same time.
Incorrect: I hoki atu māua i te wā ōrite.
Correct: I hoki atu māua i te wā kotahi.

Tame and Mere come from the same family.
Incorrect: Nō te whānau ōrite a Tame rāua ko Mere.
Correct: Nō te whānau kotahi a Tame rāua ko Mere.

oti/mutu

Kua <u>oti</u> au.[11]

He rerekē te tikanga o te 'oti' i te 'mutu'. I ōna wā ka mutu ngā mahi, engari kāore anō kia oti. Ao ake ana te ata, ka karawhiu tonutia taua mahi rā. Engari ia te oti, e kore a muri e hokia, ā, kua oti mārika te mahi rā. I te ao wetereo, ka kīia te kupu 'oti' he tūāhua oti, me te aha, me noho te pū 'i' ki mua tata i te pūtake i te rerenga (mēnā ka kōrerohia te pūtake).

'Oti' and 'mutu' carry different meanings. At times, work may be finished for a moment, or for a period of time, but it may not be completed. Another day rises and the work continues. However, with 'oti' there is no return, and that work is completed. In grammatical terms, the word 'oti' is considered a stative. As a result, the particle 'i' must be placed in front of the reason or agent in the sentence (if a reason is mentioned).

I'm finished.
Incorrect: Kua <u>oti</u> au.
Correct: Kua <u>mutu</u> au.

The bell has finished ringing.
Incorrect: Kua <u>oti</u> te tangi o te pere.
Correct: Kua <u>mutu</u> te tangi o te pere.

I completed the work.
Incorrect: I <u>mutu</u> i a au ngā mahi.
Correct: I <u>oti</u> i a au ngā mahi.

---

11   Translation: 'I'm completed.'

paru/tīwekaweka
Kei te paru tō rūma.[12]

He nui ngā kupu i te reo Māori mō te kupu nei, mō te 'dirty'. Ko te kupu e kaha whakamahia ana ko te kupu 'paru', ko te kupu 'paruparu' rānei. Ko te tikanga o te kupu nei, ko te kore i mā o tētahi āhuatanga i te para, i te oneone, i te puehu, i te aha rā (*He Pātaka Kupu*, 2008). Heoi, menā e kōrero ana te tangata mō te kōhanga weka o te rūma o te tangata, ko te kupu 'tīwekaweka' kē te kupu tika ake i ēnei horopaki.

There are several words in the Māori language for the word 'dirty'. The words that are often used are 'paru' or 'paruparu'. The meaning of these words is for something that is dirty from soil, sediment, dust and so forth (*He Pātaka Kupu*, 2008). If someone were to talk about how messy someone's room is, the word 'tīwekaweka' is more appropriate in these contexts.

Your room is dirty.
Incorrect: Kei te paru tō rūma.
Correct: Kei te tīwekaweka tō rūma.

This house is a mess. Clean it up!
Incorrect: Kei te paruparu tēnei whare. Whakatikaina!
Correct: Kei te tīwekaweka tēnei whare. Whakatikaina!

How could your room not possibly be messy, you have messy habits yourself.
Incorrect: Me pēhea e kore ai tō rūma e paruparu, he tikanga pōrohe āu.
Correct: Me pēhea e kore ai tō rūma e tīwekaweka, he tikanga pōrohe āu.

---

12 Translation: 'Your room is dirty (from soil, dust).'

pōkai/whētui, whātui
Tēnā, pōkaia ngā kākahu.[13]

Ehara i te mea e hē ana ēnei kupu nei, engari he whakamahinga tō tēnā, he tikanga kē tō tēnā. I te nuinga o te wā ka whakamahia ēnei kupu hei kōrero i ngā āhuatanga pōkai, i ngā āhuatanga whētui kākahu rānei. Kei te pai ngā kupu e rua, heoi, ko te tikanga kē o te 'pōkai', ko te 'roll'. Nō reira, mēnā ka pērātia e koe ō kākahu, ō tāora, ā kāti, koia te kupu tika māu. Ko te kupu kē mō te 'fold', ko te 'whētui', ko te 'whātui' rānei.

It's not to say that these words are incorrect, but each has a different usage and meaning. Most of the time these words are used when talking about rolling or folding clothes. Both words are fine in this context; however, the meaning of the word 'pōkai' is to roll. So if that's what you do to your clothes or towels, then that is the correct word for you. On the other hand, the correct word for 'fold' is either 'whētui' or 'whātui'.

Please fold the clothes.
Incorrect: Tēnā, pōkaia ngā kākahu.
Correct: Tēnā, whētuia ngā kākahu.

Make yourself useful and fold the clothes.
Incorrect: Ka mea ka taki pōkai i ngā kākahu.
Correct: Ka mea ka taki whētui i ngā kākahu.

I've already folded the clothes.
Incorrect: Kua oti kē i a au ngā kākahu te pōkai.
Correct: Kua oti kē i a au ngā kākahu te whētui.

---

13   Translation: 'Please roll your clothes.'

rangi mokopuna/rangi paki

He <u>rangi mokopuna</u> tēnei.[14]

Mēnā e kaha ana te whiti mai o te rā, ā, e rongo ana te kiri i te mahana i te rua o Takurua, ka kīia taua rā he rā mokopuna. Heoi, mēnā kei te raumati, kei te kōanga, kei kaupeka kē rānei tātou, arā kē noa atu ngā kupu e tika ana, pēnei i te rangi paki me te rangi paruhi. Kāore te rangi mokopuna e hāngai ana ki te raumati, engari e hāngai ana anake ki te takurua.

If the sun is shining brightly and the skin feels the warmth in the middle of winter, it is described as a 'rangi mokopuna'. However, if we are in summer, in spring or any other season there are other, more appropriate words, such as 'rangi paki' or 'rangi paruhi'. The term 'rangi mokopuna' applies solely to winter.

This is a fine day (during the summer).
Incorrect: He <u>rangi mokopuna</u> tēnei.
Correct: He <u>rangi paki</u> tēnei.

It is great to meet with you all on this fine summer's day.
Incorrect: He rawe te hui tahi ki a koutou i tēnei <u>rangi mokopuna</u>.
Correct: He rawe te hui tahi ki a koutou i tēnei <u>rangi paki</u>.

Let's organise a second place in case it's not a fine summer's day.
Incorrect: Me whakarite kāinga rua mō te tūpono ehara i te <u>rangi mokopuna</u>.
Correct: Me whakarite kāinga rua mō te tūpono ehara i te <u>rangi paki</u>.

---

14   Translation: 'This is a fine winter's day.'

Ngā hapa ā-kupu

rau(a)/hoatu, meatia, waiho
<u>Raua</u> tēnei ki runga i te paepae.

Ko te tikanga o te kupu nei, o te 'rau', ko te whakanoho, ko te whakatakoto rānei i tētahi mea ki roto i tētahi hanga (*He Pātaka Kupu*, 2008). Ahakoa i te reo Pākehā ka taea te kupu 'put' mō te 'put in' me te 'put on', he kupu tō tēnā, tō tēnā horopaki i te reo Māori, pēnei i te 'raua', i te 'hoatu', i te 'meatia', i te 'waiho'. Māu anō e tohu te kupu e tika ana i tō horopaki.

The meaning of the word 'rau' is to place something inside of something else (*He Pātaka Kupu*, 2008). Although the word 'put' can be used in English for 'put in' and 'put on', there are several different Māori words depending on the specific context, such as 'raua', 'hoatu', 'meatia' and 'waiho'. You must decide which is the appropriate word for your context.

Put that over there.
Incorrect: <u>Raua</u> tēnā ki kō.
Correct: <u>Waiho</u> tēnā ki kō.

Put this on the bench.
Incorrect: <u>Raua</u> tēnei ki runga i te paepae.
Correct: <u>Hoatu</u> tēnei ki runga i te paepae.

Put his name on the list.
Incorrect: <u>Raua</u> tana ingoa ki te rārangi.
Correct: <u>Tuhia</u> tana ingoa ki te rārangi.

rauika/whakarauika

E aku nui, e aku rahi, kua rauika mai nei.

Rangona ai tēnei hapa i ngā horopaki mihi, ka mutu, ko te aronga ko te kōrero mō tētahi hunga kua kotahi mai i runga i te reo karanga o tētahi kaupapa. Heoi, i tēnei horopaki, me noho rawa mai he tūmahi (te 'whakarauika') hei kōrero i te mahi kua mahia mai rā e te hunga. He tūingoa kē te 'rauika', ā, nā konā e hē nei te karawhiua o te kupu nei i ōna wā. Ko te 'whakarauika' kē te kupu e tika ana.

Often heard in contexts where acknowledgements are being made, this sentence type is frequently used to address a group of people who have come together. However, in this context a verb should be used to indicate the action of coming together. 'Rauika', on the other hand, is a noun and therefore is used incorrectly at times. A word such as 'whakarauika' should instead be used.

To the many who have gathered ...
Incorrect: E aku nui, e aku rahi, kua rauika mai nei ...
Correct: E aku nui, e aku rahi, kua whakarauika mai nei ...

The Māori world has gathered to pay tribute to the Queen.
Incorrect: Kua rauika mai te ao Māori ki te whakamihi i te Kuīni.
Correct: Kua whakarauika mai te ao Māori ki te whakamihi i te Kuīni.

We have gathered here today, ...
Incorrect: Kua rauika mai tātou i te rā nei, ...
Correct: Kua whakarauika mai tātou i te rā nei, ...

reira/korā

Kei reira au e noho ana.

Whakamahia ai te 'reira' hei kōrero i te wāhi, i te wā, i te āhuatanga rānei kātahi anō ka kōrerotia. Me puta te ingoa o tētahi wāhi, o tētahi wā, o tētahi āhuatanga rānei i mua i te whakamahinga o te 'reira'. I ōna horopaki, ko te 'korā' kē te kupu e tika ana mēnā e tawhiti ana te wāhi nei i te kaikōrero me te kaiwhakarongo.

The word 'reira' is used when referencing a place, time or characteristic that has just been mentioned. The name of a place, time or characteristic must be mentioned before using 'reira'. In some contexts the word 'korā' is the right choice to refer to a place that is away from the speaker and listener.

It's over there.
Incorrect: Kei reira.
Correct: Kei korā.

I live over there.
Incorrect: Kei reira au e noho ana.
Correct: Kei korā au e noho ana.

Don't you dare go over there, stay here.
Incorrect: Kei noho ka haere ki reira, me noho kē ki konei.
Correct: Kei noho ka haere ki korā, me noho kē ki konei.

riro/rirohanga
Ko te riro o te whenua, o te mana hoki o te Māori.

I ngā horopaki e kōrerohia nei i tēnei whārangi, ko te takotoranga o te rereingoa, o te rerewāhi, o te rerewā kē rānei terā e whāia nei. He tūāhua oti kē te 'riro', ka mutu, kāore he wāhi o te tūāhua oti i te upoko o ēnei momo rerenga nei. E tika ai te takoto o te reo, me tūingoa kē te kupu. Ko te huarahi māmā katoa e kuhu tonutia ai te 'riro', ko te whai i te tūingoa, arā, i te 'rirohanga'.

In the contexts presented on this page, the sentence structures in use are either nominal, time clauses or comments of place. The word 'riro' is a stative, and therefore does not have a place in the base of these types of sentences. To ensure correct language, the word must instead be nominalised, and the easiest way to do this is to follow its derived noun form, 'rirohanga'.

It was the ceding of Māori land and mana.
Incorrect: Ko te riro o te whenua, o te mana hoki o te Māori.
Correct: Ko te rirohanga o te whenua, o te mana hoki o te Māori.

When the child was taken in by their grandparents, they flourished.
Incorrect: I te riro o te tamaiti ki ōna kaumātua, ka ora ia.
Correct: I te rironga o te tamaiti ki ōna kaumātua, ka ora ia.

When I was besotted with that woman, I had eyes for no one else.
Incorrect: Nō te riro ōku e te wahine rā, kāore he aronga kē atu.
Correct: Nō te rironga ōku e te wahine rā, kāore he aronga kē atu.

roto/runga

Tātou e hui nei i <u>roto</u> i tēnei whenua.[15]

Ko te tikanga o te kupu nei, o te 'roto', he kōrero mō tētahi wāhi kei waenga pū o tētahi mea, e kōpakina ana rānei, e karapotia ana rānei (*He Pātaka Kupu*, 2008). Ki te kore e hāngai ki ēnei horopaki, ko te 'runga' kē pea te mea tika, ko te whakakorenga rānei o te kupu 'roto'. Tirohia ngā tauira o raro nei hei ārahi i tō whiriwhiri i ngā kupu tika.

The meaning of the word 'roto' is about a place that is at the centre, is enclosed, or encircled within something (*He Pātaka Kupu*, 2008). If these don't apply in your context, perhaps the word 'runga' is more appropriate, or there is no need for the word 'roto' at all. See the examples below to help guide your decision about the appropriate word.

Those of us meeting here on this land …
Incorrect: Tātou e hui nei i <u>roto</u> i tēnei whenua …
Correct: Tātou e hui nei i <u>runga</u> i tēnei whenua …

I am from the Rūātoki valley.
Incorrect: Nō <u>roto</u> mai au i te whārua o Rūātoki.
Correct: Nō te whārua o Rūātoki ahau.

I was in that meeting.
Incorrect: I <u>roto</u> au i tērā hui.
Correct: I tērā hui au.

---

15   Translation: 'Those of us meeting in this land.'

taea/āhei
Ka taea e au te haere ki te wharepaku?[16]

Ko te tikanga o te kupu nei, o te 'taea', he tohu i tā te tangata kaha, i tā tētahi mea kaha rānei, ki te whakatutuki i tētahi mahi. Heoi anō, ko tā te 'āhei' he tohu i te wātea o te tangata ki tētahi mahi, ki tētahi āheinga rānei. He paku rerekētanga tō tētahi i tētahi. Engari, kua kaha kē atu tā te Māori whakamahi i te kupu 'taea' i ēnei rā, tēnā i te wā i ō tātou tīpuna (*Aspects of change in the syntax of Māori*, 2015). Kāore hoki ō tātou tīpuna i pātai, 'Ka taea e koe te kōrero Māori', kua kī kē, 'He kōrero Māori koe?'

The word 'taea' signals one's ability and strength to complete a particular task. The word 'āhei', however, refers to one's permission, one's opportunity or access to something. There is a slight difference between the two. However, Māori today use the word 'taea' more frequently than our predecessors (*Aspects of change in the syntax of Māori*, 2015). Our ancestors would not ask, 'Ka taea e koe te kōrero Māori', but would instead say, 'He kōrero Māori koe?'

Can I go to the toilet?
Incorrect: Ka taea e au te haere ki te wharepaku?
Correct: Ka āhei au ki te haere ki te wharepaku?

Due to the rain, they were allowed to stay home.
Incorrect: Nā te ua i taea ai e rātou te noho ki te kāinga.
Correct: Nā te ua i āhei ai rātou ki te noho ki te kāinga.

Can you access the folder?
Incorrect: E taea ana e koe te kōpaki te kuhu?
Correct: E āhei atu ana rānei koe ki te kōpaki?

---

16   Translation: 'Am I able (literal) to go to the toilet?'

Ngā hapa ā-kupu

tamariki/tamaiti
Ka tiakina tō tamariki.

Ko te kupu 'tamaiti' he kōrero mō te tamaiti kotahi, ā, ko te 'tamariki' mō te tokorua hemihemi. Ki te whakamahia te kupu 'tamariki', me noho tētahi pū takitini, pēnei i te 'ngā' ki mua tata i a ia, ā, ka noho tētahi pū takitahi, pēnei i te 'te' ki mua tata i te 'tamaiti'. Kāore hoki e tika ana kia noho te pūmuri 'mā' ki muri tata i te kupu 'tamaiti'.

The word 'tamaiti' refers to one child, while the word 'tamariki' refers to two children or more. If the word 'tamaiti' is used, a singular article such as 'te' must be placed in front of it, and if the word 'tamariki' is used, a plural article such as 'ngā' should be placed in front.[17] When using the word 'tamaiti', don't place the particle 'mā' behind it.

Your child will be taken care of.
Incorrect: Ka tiakina tō tamariki.
Correct: Ka tiakina tō tamaiti.

Greetings, children.
Incorrect: Tēnā koutou, tamaiti mā.
Correct: Tēnā koutou, tamariki mā.

We should take the children to the pools.
Incorrect: Me kawe e tāua ngā tamaiti ki te puna kaukau.
Correct: Me kawe e tāua ngā tamariki ki te puna kaukau.

---

17 Exception to the rule: 'Te' can precede 'tamariki' when it is being used to refer to a group of children.

tangata/tāngata
Me whakaaro koe ki ngā kōrero a ngā tangata.

Arā ētahi kupu i te reo Māori ka takitini ina āpitihia he tohutō ki tētahi wāhanga o te kupu. Ko te kupu 'tāngata' tētahi, ko te kupu 'tīpuna' tētahi, ko te 'tuākana' anō hoki tētahi. Mehemea e takitini ana te aronga o tētahi kōrero, me āpiti rawa te kaikōrero i te tohutō ki tāna e whakapuaki nei.

There are some words in the Māori language that become plural when they are written or pronounced with a macron; the words 'tāngata', 'tīpuna' and 'tuākana' are some. If the speaker intends to use the plural, they must ensure that the macron is added to the relevant word.

You need to listen to the words of the people.
Incorrect: Me whakaaro koe ki ngā kōrero a ngā tangata.
Correct: Me whakaaro koe ki ngā kōrero a ngā tāngata.

What would your ancestors think?
Incorrect: Ka pēhea rā ō tipuna i ō rātou rua?
Correct: Ka pēhea rā ō tīpuna i ō rātou rua?

Without a second look, your older brothers were off to the pub.
Incorrect: Kāore he tirotiro, kotahi atu ō tuakana ki te pāparakāuta.
Correct: Kāore he tirotiro, kotahi atu ō tuākana ki te pāparakāuta.

Ngā hapa ā-kupu

tango/unu
Tangohia tō pōtae.

He nui ngā whakamahinga o te kupu 'take' i te reo Pākehā, pēnei i te 'take off', i te 'take away', i te 'take on' hoki, ā, he kupu Māori tō tēnā whakamahinga, tō tēnā whakamahinga. Ko tā te kupu 'tango', he kōrero i te mahi a tētahi e riro mai ai tētahi mea, he kawe rānei i tētahi mea ki mea wāhi, he kōrero hoki mō te muku i tētahi tau i tētahi tau nui ake (*He Pātaka Kupu*, 2008). Kāore te kupu 'tango' e hāngai ki te 'take off' i ngā kākahu. Ko te kupu tika i aua horopaki rā ko te 'unu'.

There are several uses of the word 'take' in the English language such as 'take off', 'take away' and 'take on', and in te reo Māori there is a different word for each. The word 'tango' is used to describe an action where something is taken by something, taken to somewhere else, or to subtract a number from a larger number (*He Pātaka Kupu*, 2008). The word 'tango' does not relate to 'taking off' clothes. The correct word in those contexts is the word 'unu'.

Take off your hat.
Incorrect: Tangohia tō pōtae.
Correct: Unuhia tō pōtae.

Don't forget to take your shoes off.
Incorrect: Kei wareware te tango i ō hū.
Correct: Kei wareware te unu i ō hū.

Take your shirt off so that we can see your tāmoko!
Incorrect: Tangohia tō hāte e kitea ai tō tāmoko!
Correct: Unuhia tō hāte e kitea ai tō tāmoko!

tango whakaahua/whakaahua(tia)
Me <u>tango</u> koe i tētahi whakaahua o rātou.

He pēnei i ngā kōrero o te whārangi o mua noa mai mō te 'take' i roto i te reo Pākehā. Kāore te kupu 'tango' i te tika hei whakamāori i te kōrero, 'take a picture'. Ko tētahi huarahi kē ia hei whai, ko te whakamahi i te kupu 'whakaahua', hei tūmahi whiti, hei tūmahi hāngū rānei (h.t. whakaahuatia).

This works just like the explanation provided on the previous page for the English word 'take'. The use of the word 'tango' to mean 'take' when referring to a photo (e.g. 'take a photo') is incorrect. An alternative way of approaching this is to use the verb 'whakaahua' or its passive equivalent, 'whakaahuatia'.

You should take a photo of them.
Incorrect: Me <u>tango</u> koe i tētahi <u>whakaahua</u> o rātou.
Correct: <u>Whakaahuatia</u> rātou.

Don't forget to take a photo of Tame.
Incorrect: Kaua e wareware ki te <u>tango whakaahua</u> o Tame.
Correct: Kaua e wareware ki te <u>whakaahua</u> i a Tame.

Let's take a photo.
Incorrect: Kia <u>tango whakaahua</u> tāua.
Correct: Kia <u>whakaahuatia</u> tāua.

tatari/taihoa
Tatari! Kāore au e roa.

He rerekē te whakamahinga o te kupu 'tatari' i te 'taihoa'. He tohutohu te 'taihoa' e whakahau ana i te tangata kia tatari mō tahi wā. E pai ana kia noho kau te 'taihoa'. Engari ia te 'tatari', me noho ki rō rerenga. Kāore te 'tatari' e noho kau, e noho rānei me tōna kotahi hei tohutohu i te tangata, i te aha rānei.

There is a difference in usage between 'tatari' and 'taihoa'. 'Taihoa' is an instruction telling someone to wait for a period of time and it can be said as a stand-alone word. 'Tatari' on the other hand must be placed in a sentence. 'Tatari' cannot stand alone as an instruction to someone or something to wait.

Wait! I won't be long.
Incorrect: *Tatari!* Kāore au e roa.
Correct: *Taihoa!* Kāore au e roa.

Wait! Is everyone here?
Incorrect: *Tatari!* Ko tātou katoa tēnei?
Correct: *Taihoa!* Ko tātou katoa tēnei?

Wait! Don't start until I arrive.
Incorrect: *Tatari!* Kia tae atu au ka tīmata.
Correct: *Taihoa!* Kia tae atu au ka tīmata.

tawhito/pakeke, o mua
He *tauira tawhito* au nō Hato Pāora.

Ki tā Te Taura Whiri i te Reo Māori i *He Pātaka Kupu* (2008), ko te tawhito tētahi mea, 'kua roa ki tēnei ao, kua roa rānei e puritia ana, e whakamahia ana rānei. Kāore tēnei kupu e whakamahia mō te 'tangata'. Ko tētahi atu huarahi hei whakaatu i tēnei whakaaro, ko te whakamahi i te 'o mua', i te 'pakeke', i te 'koroua', i te 'kuia' rānei.

According to Te Taura Whiri i te Reo Māori in *He Pātaka Kupu* (2008), the word 'tawhito' describes something that has long been around, or that has long been possessed or been used, and is not a word that is used in the context of people. The way to show a person's age is through using the phrases 'o mua', 'pakeke', 'koroua' or 'kuia'.

I'm an old boy from Hato Pāora.
Incorrect: He tauira tawhito au nō Hato Pāora.
Correct: He tauira o mua au nō Hato Pāora.

That man is old.
Incorrect: He tawhito tērā tangata.
Correct: He koroua tērā tangata.

That person over there is Mere's ex-husband.
Incorrect: Ko taua tangata i kō te tāne tawhito a Mere.
Correct: Ko taua tangata i kō te tāne o mua a Mere.

tīni/huri, rerekē
Kua tīni te reo Māori.[18]

Ko te tikanga o te 'tīni', i te nuinga o te wā, ko te panoni i tētahi āhuatanga ōkiko, ki tētahi atu āhuatanga ōkiko, ki tētahi atu mea ōkiko rānei. I ngā horopaki o raro iho nei, kāore e ōkiko ana ngā āhuatanga e kōrerohia ana (h.t. te reo, ngā whakaaro, te āhuarangi), ka mutu, e kore e taea ērā āhuatanga te 'tīni'. Ko te huringa kētanga o tētahi āhuatanga te aronga, ā, ko te 'huri', ko te 'rerekē' rānei ētahi kupu hei whakamahi i ēnei horopaki.

The meaning of 'tīni' most often relates to the changing of something physical from one form to another. In the contexts presented below, the subjects are intangible (e.g. the language, thoughts, the climate), and the word 'tīni' is not so applicable. The general focus of the examples below is to show a change in a state, and therefore the words 'huri' or 'rerekē' are a couple to think about in this context.

The Māori language has evolved.
Incorrect: Kua tīni te reo Māori.
Correct: Kua huri te reo Māori.

Mere's thoughts about Tame have changed.
Incorrect: Kua tīni ngā whakaaro o Mere ki a Tame.
Correct: Kua rerekē ngā whakaaro o Mere ki a Tame.

The climate has changed.
Incorrect: Kua tīni te āhuarangi.
Correct: Kua huri te āhuarangi.

---

18   Translation: 'The Māori language has physically changed.'

tūtuki/tutuki
Kaua e hoki i te waewae tutuki, ...[19]

Ahakoa tātakimōrī ana tēnei hapa, he hapa e kaha nei te karawhiua, reo ōpaki mai, reo ōkawa mai. He rerekē katoa te tikanga o te 'tūtuki' i te 'tutuki'. Ki tā Te Taura Whiri i te Reo Māori i *He Pātaka Kupu* (2008), ko te tikanga o te 'tūtuki', ko te tūpono pātuki ki tētahi mea. Ko te tikanga kē ia o te 'tutuki', ko te whakatinanahia o tētahi āhuatanga, ka mutu, kua kitea ōna hua.

Despite the subtle differences in the words, this is a common error in the use of macrons. The meaning of 'tūtuki' is far different from that of 'tutuki'. Te Taura Whiri i te Reo Māori states in *He Pātaka Kupu* (2008) the meaning of 'tūtuki' as the stumbling or collision of one's foot with an object. On the other hand, 'tutuki' indicates that something has been completed and its fruits are being realised.

Don't turn back at the stumbling of feet, ...
Incorrect: Kaua e hoki i te waewae tutuki, ...
Correct: Kaua e hoki i te waewae tūtuki, ...

I have completed the work.
Incorrect: Kua tūtuki i a au ngā mahi.
Correct: Kua tutuki i a au ngā mahi.

It must be accomplished before the day ends.
Incorrect: Me tūtuki i mua i te tōnga o te rā.
Correct: Me tutuki i mua i te tōnga o te rā.

---

19 Translation: 'Don't turn back at the achievement of feet, ...'

tohatoha/hoatu
Me <u>tohatoha</u> tō taonga.[20]

Mēnā he tamariki āu, e whai wāhi ana rānei koe ki ētahi tamariki, kāore e kore kua rangona e koe te kupu 'tohatoha' e whakahau ana i ngā tamariki kia kaua rātou e matapiko ki ētahi taonga. Mēnā e takitini ana ngā taonga, kei te pai te kupu 'tohatoha'. Heoi, mēnā he taonga kotahi, e kore e taea e te tangata te taonga kotahi te tohatoha. Ko te 'disperse', 'share out' kē te tikanga o te 'tohatoha'. Arā kē ētahi kupu e tika ana, pēnei i te 'hoatu' me te 'tākaro tahi'.

If you have children or are around children, no doubt you would have heard the word 'tohatoha' used to instruct them not to be greedy with their toys. If there are multiple toys, then the word 'tohatoha' is appropriate. However, if there is one toy, a child can't 'tohatoha' just one. The meaning of 'tohatoha' is to 'disperse' or 'share out'. There are several other words that are appropriate, such as 'hoatu' and 'tākaro tahi'.

Share your toy.
Incorrect: Me <u>tohatoha</u> tō taonga.
Correct: Me <u>hoatu</u> tō taonga.

Play together with your teddy bear.
Incorrect: Me <u>tohatoha</u> tō teti pea.
Correct: Me <u>tākaro tahi</u> kōrua me tō teti pea.

Shall we share our food with each other?
Incorrect: Kia <u>tohatoha</u> rānei tāua i ā tāua kai ki a tāua anō?
Correct: Kia <u>kai tahi</u> rānei tāua?

---

20   Translation: 'Share out your toy (in parts).'

tuwhera/whakatuwhera
Tuwhera mai i te tatau.

He tūāhua oti te kupu 'tuwhera', heoi, e kaha whakamahia ana hei tūmahi. I te mea he tūāhua oti te kupu nei, kāore hoki e tika ana kia whakahāngūtia. Ki te hiahia te tangata kia noho te kupu nei hei tūmāhi, me āpiti te kūmua 'whaka-'. Heoi anō, arā anō ētahi tūmahi e taea ana i ērā horopaki, pēnei i te 'huakina'. Māu anō e whakatau ko tēhea te mea tau ake ki ō taringa.

The word 'tuwhera' is a stative; however, it is often used as a verb. As a stative, it also can't take a passive tail. If you want to use it as a verb, you need to add the prefix 'whaka-' in front of the word, so it becomes a transitive verb. There are several other verbs that you could use in those contexts, one of which is 'huakina'. You can decide which sounds more pleasing to your ear.

Open the door.
Incorrect: <u>Tuwhera</u> mai i te tatau.
Correct: <u>Huakina</u> te tatau.

Could you please open the windows?
Incorrect: Tēnā koa, <u>tuwheratia</u> mai ngā matapihi.
Correct: Tēnā koa, <u>whakatuwheratia</u> mai ngā matapihi.

Who will open our meeting with a karakia?
Incorrect: Mā wai tā tātou hui e <u>tuwhera</u> ki te karakia?
Correct: Mā wai tā tātou hui e <u>whakatuwhera</u> ki te karakia?

waihotia, homaitia, hoatungia/waiho, homai, hoatu
Waihotia te rūma kia mā.

Mehemea rānei he tohutohu te rerenga, ka mutu, e noho nei ēnei kupu (te 'waiho', te 'homai' me te 'hoatu') hei upoko mō te rerenga, kāore e tika ana kia whakahāngūtia ērā kupu. Ki te noho mai ēnei kupu hei wāhanga mō waenganui i tētahi rerenga (h.t. '... ēnei taonga i waihotia mai ai e ō tātou tīpuna'), e pai ana kia noho mai te kūmuri hāngū; engari ehara i te mea me pērā rawa.

If the sentence is an instructional one, and certain words ('waiho', 'homai' or 'hoatu') are being used to start the sentence, they should not take the passive ending. Despite this, if these words are used in the middle of a sentence (e.g. '... ēnei taonga i waihotia mai ai e ō tātou tīpuna' ['... these taonga that were left here by our ancestors']), they can take a passive ending.

Leave the room clean.
Incorrect: Waihotia te rūma kia mā.
Correct: Waiho te rūma kia mā.

Give me the pen.
Incorrect: Homaitia te pene.
Correct: Homai te pene.

Give that box to Mere.
Incorrect: Hoatungia te pouaka rā ki a Mere.
Correct: Hoatu te pouaka rā ki a Mere.

whakamau(a)/kuhu(na)
Whakamaua tō tīhāte.

Ko te tikanga o te 'whakamau', ko te whai kia kotahi te kākahu mā te mau i tētahi taha ki tētahi atu taha. Mehemea rānei kua kotahi kē te kākāhu (h.t. ngā tōkena, te tīhāte), ā, kāore koe e mate ki te whakamau i tētahi taha ki tētahi atu taha, ko te 'kuhu' kē te kupu e tika ana.

In the context of putting on clothes, 'whakamau' means to fix one side of clothing to the other (as in a shirt with buttons). If the clothing is a singular item (e.g. sock, t-shirt) and there is no need to fix one side to another, the word 'kuhu' is more appropriate.

Put your t-shirt on.
Incorrect: Whakamaua tō tīhāte.
Correct: Kuhuna tō tīhāte.

Put your socks on.
Incorrect: Whakamaua ō tōkena.
Correct: Kuhuna ō tōkena.

Put your jersey on.
Incorrect: Whakamaua tō poraka.
Correct: Kuhuna tō poraka.

Ngā hapa ā-kupu

whakapau/whakaheke
Me whakapau werawera.[21]

Ko te tikanga o te kupu nei, o te 'whakapau', he mahi kia pau katoa tētahi mea, kia ngaro katoa, kia kore e toe tētahi paku wāhanga ōna (*He Pātaka Kupu*, 2008). Arā ētahi āhuatanga i tō tātou ao e kore e pau, pēnei i te werawera o te tangata. Ahakoa ka heke te werawera, e kore rawa e pau kia mate rā anō te tangata. Ko te wā hoki tētahi mea e kore e pau. Nō reira, arā kē noa atu ngā kupu e tika ana i tēnā horopaki, i tēnā horopaki, pēnei i te 'rere', i te 'heke', i te aha kē rānei.

The meaning of the word 'whakapau' is to do something to something until it's exhausted and nothing of it is left (*He Pātaka Kupu*, 2008). There are several things in our world that can never be exhausted, such as one's sweat. Although someone's sweat may drip, it can never be exhausted until the person dies. Time is also something that can never be exhausted. So, there are several other words that are correct in different contexts, such as 'rere' and 'heke'.

You need to sweat.
Incorrect: Me whakapau werawera.
Correct: Me whakaheke werawera.

Stop wasting time.
Incorrect: Kāti te whakapau wā.
Correct: Kāti te moumou wā.

The issue with this generation is that they are not for toiling.
Incorrect: Ko te mate o tēnei reanga, kāore rātou mō te whakapau werawera.
Correct: Ko te mate o tēnei reanga, kāore rātou mō te whakaheke werawera.

---

21   Translation: 'You need to use up all your sweat.'

whakataka/tuku, kawe

Kua tae mai koe ki te <u>whakataka</u> i tō tamaiti?[22]

Whakamahia ai te kupu nei, te 'whakataka', hei whakamāoritanga mō te 'drop off'. Heoi anō, ko te kupu 'taka' kē, he kōrero mō te heke o tētahi mea i tētahi wāhi teitei. Ko te whakapākehātanga o te 'whakataka', ko 'to make something fall'. Nō reira, i te horopaki o te tuku i ngā tamariki ki te kura, ko te 'tuku', ko te 'kawe' rānei ngā kupu pai ake.

The word 'whakataka' is often used as a translation for 'drop off'. However, the word 'taka' describes something that falls down from somewhere high. The translation of 'whakataka' is 'to make something fall'. Therefore, in the context of dropping off the kids to school or to kōhanga, the words 'tuku' or 'kawe' are better.

Have you come to drop your child off?
Incorrect: Kua tae mai koe ki te <u>whakataka</u> i tō tamaiti?
Correct: Kua tae mai koe ki te <u>tuku</u> i tō tamaiti?

I left the kids at school.
Incorrect: I <u>whakataka</u> au i ngā tamariki ki te kura.
Correct: I <u>tuku</u> au i ngā tamariki ki te kura.

Who dropped you off?
Incorrect: Nā wai koe i <u>whakataka</u>?
Correct: Nā wai koe i <u>tuku</u>?

---

22 Translation: 'Have you come to drop your child off (from a height)?'

whakatau/tau
E ngā manuhiri, <u>whakatau</u> mai rā.[23]

Ka whakaeke ana te tangata ki te marae, ko te 'whakatau' tētahi kupu ka auau te rangona. I ngā horopaki o te pōhiri, ko te tikanga o te kupu nei he mihi, he karanga, he whaikōrero rānei e tau ai te manuhiri. He mahi te whakatau nā te hau kāinga, ka mutu, ki ō māua whakaaro, kāore e tika ana kia puta i te tangata whenua te kōrero, 'whakatau mai rā'. Mā te manuhiri kē tērā kōrero kia whakataungia rātou e te tangata whenua. Ko te kupu tika kē mā te tangata whenua ko te 'tau', arā, 'tau mai rā'.

When someone enters on to a marae, the word 'whakatau' is repeated. In the context of pōhiri, the meaning of this word is to greet, call or perform oratory so that the visitors are welcomed. The whakatau is a task for the local people, and in our opinion, it is not correct for the local people to say 'whakatau mai rā'; that is something for the visitors to say to the locals. The correct word for the locals is 'tau', or the phrase 'tau mai rā'.

To our visitors, welcome.
Incorrect: E ngā manuhiri, <u>whakatau</u> mai rā.
Correct: E ngā manuhiri, <u>tau</u> mai rā.

Welcome to our house.
Incorrect: Nau mai, <u>whakatau</u> mai ki tō tātou whare.
Correct: Nau mai, <u>tau</u> mai ki tō tātou whare.

Welcome! Welcome! (The common call to welcome.)
Incorrect: <u>Whakatau</u> mai rā! <u>Whakatau</u> mai rā!
Correct: <u>Tau</u> mai rā! <u>Tau</u> mai rā!

---

23   Translation: 'To our visitors, welcome us.'

whakawhānau/whānau
Kei te hōhipera a Mere e <u>whakawhānau</u> pēpi ana.[24]

Ahakoa e noho mai nei tēnei tauira ki tēnei wāhanga o te pukapuka, ko ngā whakaaro o te ao Māori me āna anō kupu tēnei e whakaaweawetia ana e te ao Pākehā. Ki te whānau māori noa mai te tamaiti ki te ao mārama, kāore he take mō te 'whakawhānau' i te tamaiti rā. Manohi anō, ki te ara mai he raru, he aha kē rānei, e mate ai ngā mātua ki te kimi i tētahi rongoā e ākina ai te whānautanga mai o te pēpi, mā reira e pai ai te whakamahinga o te 'whakawhānau'.

If a child is born naturally there is no need for intervention, nor to 'make' the child born, and therefore there is no need to 'whakawhānau'. On the other hand, if an issue arises that requires the parents or medical staff to intervene to assist the child in being born, the term 'whakawhānau' can be used as it is essentially the act of 'making a child born'.

Mere is at the hospital giving birth.
Incorrect: Kei te hōhipera a Mere e <u>whakawhānau</u> pēpi ana.
Correct: Kei te hōhipera a Mere e <u>whānau</u> pēpi ana.

Giving birth is one of the most painful things in the world.
Incorrect: Ko te <u>whakawhānau</u> pēpi tētahi o ngā mahi whakamamae katoa o te ao.
Correct: Ko te <u>whānau</u> pēpi tētahi o ngā mahi whakamamae katoa o te ao.

---

24 Translation: 'Mere is at the hospital making a child born.'

Ngā hapa ā-kupu

How on earth did she give birth to a baby with a head that big?
Incorrect: I pēhea rā tana <u>whakawhānau</u> i tētahi pēpi e pērā rawa ana te nui o te māhunga?
Correct: I pēhea rā tana <u>whānau</u> i tētahi pēpi e pērā rawa ana te nui o te māhunga?

whiwhi/he ... [tāu/tōu]
Kua whiwhi koe he raru?[25]

Ko te kupu 'whiwhi' nei e hāngai ana ki te riro a te tangata, a te aha rānei, i tētahi mea. Ki te hiahia koe ki te mōhio mēnā rānei he taputapu, he aha rānei, tā tētahi, tō tētahi rānei, ko te huarahi tika hei tuku i te pātai nei, ko te, 'He ... tāu/tōu?' Ki te hiahia rānei koe ki te pātai mēnā kei a rātou tētahi aha rānei i taua wā tonu, ko te huarahi pai ki te ui atu i taua pātai rā, ko tēnei nā, 'He ... kei a koe?'

The word 'whiwhi' describes the receiving of something by a person or by something else. If you want to know whether someone has an item, the correct way to ask this question is 'He ... tāu/tōu?' Furthermore, if you want to ask if someone has something on them, the question to ask is 'He ... kei a koe?'

Have you got a problem?
Incorrect: Kua whiwhi koe he raru?
Correct: He raru tāu?

Do you have a pen?
Incorrect: Ka whiwhi koe i tētahi pene?
Correct: He pene tāu?

Do you have any thoughts?
Incorrect: Ka whiwhi koe i ētahi whakaaro?
Correct: He whakaaro ōu?

---

25 Translation: 'Have you received a problem?'

2
Ngā hapa wetereo

Ka rongo ana ētahi tāngata i te kupu 'wetereo', kua pare mai te tuarā ka whati. Ko ētahi he pīrangi ringaringa ki a ia i runga i tana hōhā ki ōna runga, ki ōna raro, ki ōna roto, ki ōna waho. Ko ngā hapa wetereo pea ngā hapa e kaha here nei i ō tātou arero i runga i te horokukū kei puta hē mai ngā takotoranga, ā, ko te whakamā pea te kai. Heoi anō tāu ki a Whakamā rāua ko Wetereo, 'Ka kainga kōrua e au!' E tika ana pea te kōrero, kāore pea ō tātou tīpuna i noho ki te āta wānanga i ngā tikanga wetereo; heoi, katoa ngā reo he tikanga wetereo ōna. Ki te kore, kua pape, kua tapepe, kua kore noa iho te tangata e mārama ki ngā reo me ōna kōrero. Heoi, nā te kaha whakaaweawe mai a te reo Pākehā i te reo Māori me ōna takotoranga, kua mate tātou ki te āta aro ki te whakatikatika i tō tātou reo, kei kōrero noa ihotia te reo Pākehā i te reo Māori. Kāti hā, kia tahuri tātou ki te wānanga i ngā weriweri e whai nei.

2
Errors in grammar

When some people hear the word 'grammar' they turn their backs and take off. Some want to give it the finger as they are sick of all of its intricacies. Grammatical errors are perhaps the ones that most prevent us from speaking, out of fear that our structures are uttered incorrectly, and as a result shame is the price we pay. Yet all you need to say to Shame and Grammar is 'I'll eat you up!' It's probably true to say that our ancestors didn't sit and carefully examine grammatical rules; however, all languages have them. If they didn't, languages would contain so many slip-ups and errors that people would not be able to understand them. However, due to the strong influence of English on te reo Māori and its structures, we now have to resort to examining and carefully correcting our language, lest we merely speak English in te reo Māori! But that's enough for now; let's turn to examine these critters in the following pages.

āhea ka .../kia ...
Āhea ka hoki mai rātou, ka kai tātou.

He maha tonu ngā kupu a te Māori hei whakaatu i te 'when'. Arā, ko tā te kupu 'āhea', he pātai mō te wā ka tīmata, ka aha kē rānei tētahi mahi, tētahi āhua rānei (wāheke). Ka pērā hoki ngā momo kupu pēnei i te 'nōnahea' me te 'inahea', arā, he pātai mō te wā i oti ai, i aha kē ai rānei tētahi mahi, tētahi āhua rānei (wāhipa). I tēnei o ngā whakamahinga o te kupu 'kia', ko tāna, he whakakapi i te wāhi ki te kupu 'when'.

There are many words in the Māori language that can mean 'when'. The word 'āhea' is a question set in the future tense which asks, 'when will'. The same applies to words such as 'nōnahea' and 'inahea', which perform a similar function for the past tense, 'when did'. This use of the word 'kia', particularly in the context of 'kia ..., ka', is a statement that indicates something else will happen upon a state being achieved or an action being completed.

When they return, we will eat.
Incorrect: <u>Āhea ka</u> hoki mai rātou, ka kai tātou.
Correct: <u>Kia</u> hoki mai rātou, ka kai tātou.

When the game is finished, we will head to bed.
Incorrect: <u>Āhea ka</u> mutu te kēmu, ka hoki tātou ki te moe.
Correct: <u>Kia</u> mutu te kēmu, ka hoki tātou ki te moe.

When we get home, the dog will be very excited.
Incorrect: <u>Āhea ka</u> tae atu tātou ki te kāinga, ka hurō te kurī!
Correct: <u>Kia</u> tae atu tātou ki te kāinga, ka hurō te kurī!

e .../e ... [ana/nei]
Koinei tētahi o ngā āhuatanga e kitea e au.

Arā kē noa atu ngā huarahi e taea ai te aho tūhono te whakamahi, ka mutu, he maha tonu ngā takotoranga o te aho tūhono (h.t. e ... ana/nei/nā/rā/ai). Ko te hapa e arohia ana i tēnei rerenga, ko te korenga o te kaikōrero i whakauru i te pūmuri e tika ai tana whakakapi i te aho tūhono. Ki te whāia te ara o te aho tūhono, me whakauru rawa te pūmuri e tika ai te takoto o te reo.

There are many ways to use a relative clause, and what's more, there are many variations of the relative clause (e.g. e ... ana/nei/nā/rā/ai). The error that is being focused on in this sentence is that of not inserting an appropriate postposed particle to complete the relative clause. If the speaker wishes to use the relative clause (and wishes the language to remain correct), the relevant particle must be inserted, as shown below.

This is one of the aspects that I'm seeing.
Incorrect: Koinei tētahi o ngā āhuatanga e kitea e au.
Correct: Koinei tētahi o ngā āhuatanga e kitea nei e au.

This is the house that Tame is building.
Incorrect: Ko tenei te whare e hangaia e Tame.
Correct: Ko tēnei te whare e hangaia nei e Tame.

The home of Mere is the place where the party will be held.
Incorrect: Ko te kāinga o Mere te wāhi e tū te pāti.
Correct: Ko te kāinga o Mere te wāhi e tū ai te pāti.

[hāngū] ... ki/[hāngū] ... e
I pāngia au ki te KOWHEORI-19.

I ngā rerehāngū, ko tētahi tikanga o te 'ki', ko te whakaatu i te huarahi, i te mea, i te taputapu rānei i tau ai te mahi e kōrerohia nei ki te taunga. Ko tētahi tauira e tino mārama nei tēnei kōrero, ko te 'I patua au ki te pune rākau', arā, ko te pune rākau te huarahi/taputapu i patua ai te taunga (au). I ngā momo horopaki e kōrerohia nei i tēnei whārangi (ngā momo mate), ko te 'e' kē te pū hei whakamahi e noho kaimahi ai te mate rā i te rerenga.

In passive sentences, one purpose of the 'ki' particle is to indicate the means or instrument by which the action is performed on the subject. A sentence that illustrates this is 'I patua au ki te pune rākau' ('I was hit with the wooden spoon'); that is, the wooden spoon was the instrument by which I was hit. In the context presented on this page (illness), 'e' should be used instead of 'ki', so that it remains the object (or agent), rather than the means of the sentence.[1]

I caught COVID-19.
Incorrect: I pāngia au ki te KOWHEORI-19.
Correct: I pāngia au e te KOWHEORI-19.

Many koalas have chlamydia.
Incorrect: He nui tonu ngā koala kua pāngia ki te kōtureture.
Correct: He nui tonu ngā koala kua pāngia e te kōtureture.

My grandfather has dementia.
Incorrect: Kua pāngia taku koroua ki te mate wareware.
Correct: Kua pāngia taku koroua e te mate wareware.

---

1 Rule: In a passive sentence structure, the 'e' particle should be used to indicate the object (or agent).

[hāngū] ... i te/[whiti] ... i te
Ka tiakina mātou i te tamaiti.

He hapa tēnei e horapa ana i waenga i te hunga kātahi anō pea ka tīmata tā rātou takahi i te ara o te reo Māori. Ka hua mai tēnei momo hapa i te rangiruatanga o te whakamahinga o te reremahi me te rerehāngū. Ko te takotoranga e whāia nei i tēnei tauira, ko tērā o te reremahi, ka mutu, kāore e tika ana kia whakaurua he tūmahi hāngū ki te reremahi. Ko te huarahi māmā katoa e tika ai te takoto o te reo, ko te pare i te kūmuri hāngū ki rahaki (h.t. te '-tia', te '-ria', me te '-hia').

Common among those who may have just started on their Māori language learning journey, this error is made through confusing the active and the passive sentence structures. The structure seen here is that of a simple active sentence, which does not take a passified verb. The simplest way to correct an error of this type is to remove the passive suffix (e.g. '-tia', '-ria' and '-hia').[2]

We will look after the child.
Incorrect: Ka tiakina mātou i te tamaiti.
Correct: Ka tiaki mātou i te tamaiti.

Mere is facilitating the meeting.
Incorrect: Kei te whakahaerehia a Mere i te hui.
Correct: Kei te whakahaere a Mere i te hui.

Tame sent the email to Mere.
Incorrect: I tukuna a Tame i te īmēra ki a Mere.
Correct: I tuku a Tame i te īmēra ki a Mere.

---

2   Rule: When following a simple active structure, verbs must not be passified.

[hāngū] ki [taunga] …/[hāngū] [taunga] …
Tirohia ki ngā kōrero.

Ki te whai te kaikōrero ki te whakaputa i te reo tohutohu, ka mutu, ko te rerehāngū te ara ka whāia e ia, kāore he take mō te 'ki'. E pai ana kia noho karapipiti te tūmahi hāngū me te taunga o tērā tohutohu (h.t. 'ngā kōrero'). Manohi anō, ki te kore e herea noa ihotia ngā whakaaro o te kaikōrero ki te rerehāngū, kua pai tana panoni i te tūmahi hāngū hei tūmahi whiti (h.t. 'titiro ki ngā kōrero').

If the speaker wishes to use instructional language in the passive form, there is no need for the 'ki' particle. It is fine for the passive verb to sit directly before the object of the sentence. On the other hand, if the speaker is not tied to the use of the passive structure, they can instead choose to use a transitive verb while keeping the 'ki' (e.g. 'titiro ki ngā kōrero').[3]

Look at the narrative.
Incorrect: *Tirohia ki* ngā kōrero.
Correct: *Tirohia* ngā kōrero.

Think about those that have passed on.
Incorrect: *Whakaarohia ki* te hunga kua nunumi ki te pō.
Correct: *Whakaarohia* te hunga kua nunumi ki te pō.

To register, reach out to us.
Incorrect: E rēhita ai koe, *torohia ki a* mātou.
Correct: E rēhita ai koe, *torohia* mātou.

---

3 Rule: In an instructional passive structure, 'ki' should not be used to indicate the object.

[hāngū] mō [taunga] .../[hāngū] [taunga] ...
Whakaarohia mō ō mahi.

He pērā te 'mō' nei i te hapa i matapakina kētia e pā ana ki te whakamahinga o te pū 'ki' hei hoa mō te tūmahi hāngū. Kāore e tika ana te takoto mai o te 'mō' hei hoa mō te tūmahi hāngū ka whakamahia ana te tūmahi hāngū hei tohutohu. Ko ngā tauira o raro iho nei hei whakaū i tēnei whakaaro.

Much like the error discussed regarding the use of the 'ki' particle after the passive verb, 'mō' has a similar rule. The use of 'mō' is incorrect if it follows a passive verb (when that passive verb is being used in the instructional form). The examples presented below illustrate this idea.[4]

Think about your work.
Incorrect: Whakaarohia mō ō mahi.
Correct: Whakaarohia ō mahi.

Discuss your personal experiences.
Incorrect: Kōrerohia mō ō wheako whaiaro.
Correct: Kōrerohia ō wheako whaiaro.

Evaluate the symposium, and then submit it to me.
Incorrect: Arotakengia mō te rūnanga, ka tāpaea mai ai ki a au.
Correct: Arotakengia te rūnanga, ka tāpaea mai ai ki a au.

---

4   Rule: In an instructional passive structure, 'mō' should not be used to indicate the object.

he aha ai i [tūmahi/tūāhua] [koe]/he aha [koe] i [tūmahi/tūāhua] ai
He aha ai i kōrero koe?

Kotahi anake te horopaki e noho karapīpiti ai ngā kupu e toru nei, e puta ai te pātai 'He aha ai?' — ko te pātai, 'Why?' tēnā. Ki te āpitihia ētahi pitopito kōrero, ka paku rerekē nei te takoto o te rerenga. I aua horopaki, ka pēnei kē te takoto o te pātai wāhipa, 'He aha [tūingoa] i [tūmahi/tūāhua] ai?' I ngā horopaki o te wātū, ko te 'e' me te 'nei' ngā pū, ā, ko te 'e' me te 'ai' mō te wāheke.

There is only one context in which the three words 'He aha ai?' are placed next to each other like this, and it is simply to ask 'Why?' If other bits of information are added, the sentence is arranged slightly differently. In contexts referring to the past tense, the sentence is arranged, 'He aha [noun] i [verb/adjective] ai?' When asking about the present, use the particles 'e' and 'nei', and when asking about the future, use the particles 'e' and 'ai'.[5]

Why did you speak?
Incorrect: He aha ai i kōrero koe?
Correct: He aha koe i kōrero ai?

Why is Tame going to the store?
Incorrect: He aha ai e haere a Tame ki te toa?
Correct: He aha a Tame e haere nei ki te toa?

Why did Tame kick the ball?
Incorrect: He aha ai i whana a Tame i te pōro?
Correct: He aha a Tame i whana ai i te pōro?

---

5   Rule: Whenever 'Why' introduces a whole sentence, the 'ai' (or equivalent) must follow the verb (*A Māori Reference Grammar*, 2015).

he … au/he … (t)āku
Āe, he pene au.

Hei whakautu i te pātai 'He … tāu?', me whakamahi koe i te whakatakotoranga 'He … t(āku)'. Hei tauira, 'Āe, he kurī tāku.' ('Yes, I have a dog.')

To answer the question 'He … tāu?' ('Have you got a …?'), you must use the convention 'He … t(āku).' For example, 'Āe, he kurī tāku.' ('Yes, I have a dog.')

Yes, I have a pen.
Incorrect: Āe, he pene au.
Correct: Āe, he pene tāku.

Yes, I have pets.
Incorrect: Āe, he mōkai au.
Correct: Āe, he mōkai āku.

Yes, I have a chainsaw.
Incorrect: Āe, he tātaretare au.
Correct: Āe, he tātaretare tāku.

he ... [a/o]/he ... [nā/nō]
He tamaiti au a̲ Mere.

Kitea mai ai tēnei hapa i te tangata e whakaatu ana i tētahi hononga whakapapa, i tētahi atu momo hononga kē rānei. Ko te 'nā' me te 'nō' ngā kupu pānga hei hoa haere mō ngā rerenga e tīmata ana ki te pū 'He' (kaua ko te 'a' me te 'o'). I te nuinga o te wā, kei te āhua o te hononga i waenganui i ētahi tāngata, i tētahi tangata me tētahi atu hanga rānei te whiriwhiria o te 'nā', o te 'nō' rānei.

This is an error that is commonly heard when communicating genealogical ties or other forms of connection (often between a person and an object or position). For sentences of this form that start with 'He', the particles 'nā' and 'nō' are to be used (rather than 'a' and 'o'). In most cases, the type of relationship or connection that people share (either with other people or with objects) determines whether 'nā' or 'nō' is to be used, as they are both tied to the 'a' and 'o' categories.[6]

I am a child of Mere.
Incorrect: He̲ tamaiti au a̲ Mere.
Correct: He̲ tamaiti au nā̲ Mere.

I am a descendant of the Tūhoe people.
Incorrect: He̲ uri au o̲ Ngāi Tūhoe.
Correct: He̲ uri au nō̲ Ngāi Tūhoe.

No doubt, the winner was a niece of Tame.
Incorrect: E kore e hapa, he̲ irāmutu te toa a̲ Tame.
Correct: E kore e hapa, he̲ irāmutu te toa nā̲ Tame.

---

6   Rule: The 'a/o' possessive prepositions should not be used to introduce possessive comments following nouns preceded by the determiner 'He' (*A Māori Reference Grammar*, 2015).

he … i [hāngū] i/he … i [whiti] i
He pene i hainatia i te Tiriti.

Koinei tētahi o ngā hapa hāngū e rangiwhāwhā ana. Mēnā e pēnei ana te tuhia, te kōrerohia rānei o te reo, arā, e whai ana tētahi tūmahi hāngū i tētahi tūingoa, ka noho ko te tūingoa rā hei taunga. Nō reira i te rerenga o runga ake, ko te pene kē tērā i hainatia, ā, ehara i te mea ko te pene tērā e haina ana.

This is one of the most common errors with passive verbs. If te reo Māori is written or spoken like this, where a noun is closely followed by a passive verb, the noun then becomes the subject of the sentence. In other words, in the sentence above, the pen is the item that is signed, and not the pen doing the signing.

A pen that signed the Treaty.
Incorrect: He pene i <u>hainatia</u> i te Tiriti.
Correct: He pene i <u>haina</u> i te Tiriti.

A woman who upheld her beliefs.
Incorrect: He wahine i <u>hāpaitia</u> i ōna mātāpono.
Correct: He wahine i <u>hāpai</u> i ōna mātāpono.

A veteran of the Māori world who established Matariki as a public holiday.
Incorrect: He ika a Whiro nō te ao Māori i <u>whakapūmautia</u> i a Matariki hei rā whakatā ā-ture.
Correct: He ika a Whiro nō te ao Māori i <u>whakapūmau</u> i a Matariki hei rā whakatā ā-ture.

he ... [nā/nō]/he ... [nā/nō], [hua]
<u>He</u> wareware <u>nō</u>ku.

Rangona ai tēnei hapa i ngā wā ka whakapuakina e te kaikōrero te pūtake, heoi, ka mahue i a ia te hua o taua pūtake rā. Katoa ngā whakamahinga o 'He ... nō/nā' e whakaatu ana i te pūtake o tētahi āhuatanga, o tētahi mahi rānei, me whai hua (mehemea kāore e whakamahia ana tērā rerenga hei whakautu i tētahi pātai, 'He aha ai?'). E taea nei te hua te whakauru ki mua, ki muri rānei o te pūtake, heoi, me whai rawa i ngā momo aho tūhono pēnei i te 'i ... ai'.

This error is heard when the speaker has stated a cause, but has failed to state the resulting action or outcome. All instances of 'He ... nō/nā' that describe a reason or a cause must also state the result (if the sentence is not being used to answer a 'Why' question). The result can come either before or after the 'He ... nō/nā' clause, but must use a construction such as 'i ... ai'.[7]

Because I forgot (the words), [the song was out of sync].
Incorrect: <u>He</u> wareware <u>nō</u>ku.
Correct: <u>He</u> wareware <u>nō</u>ku <u>i</u> rangirua <u>ai</u> te waiata.

Because of her beauty [I fell for her].
Incorrect: <u>He</u> rerehua <u>nō</u>na.
Correct: <u>He</u> rerehua <u>nō</u>na <u>i</u> hinga <u>ai</u> au.

Because I ran to the game [I made it on time].
Incorrect: <u>He</u> oma <u>nā</u>ku ki te kēmu.
Correct: <u>He</u> oma <u>nā</u>ku ki te kēmu <u>i</u> tae atu <u>ai</u> au i mua i te wā e tika ana.

---

7   Rule: In a comment of reason structure, a resulting action or outcome should be stated (if it's not obvious).

hei ... [a/o]/hei ... [mā/mō]
I noho ia ki reira <u>hei</u> hoa <u>o</u> Mere.

He pēnei i ngā whakamahuki mō te hapa 'He ... a/o', ko te 'mā' me te 'mō' ngā pū pānga e tika ana hei whai i te pū 'hei' (kaua ko te 'a' me te 'o'). E herea tonutia ana aua pū rā (te 'mā' me te 'mō') ki ngā ture e pā ana ki te 'a' me te 'o'.

Much like the explanations for the error 'He ... a/o', 'mā' and 'mō' are the particles that should follow 'hei' (not 'a' and 'o'). The rules regarding 'a' and 'o' categories continue to be relevant in this situation with the use of 'mā' and 'mō'.[8]

He remained there as a friend for Mere.
Incorrect: I noho ia ki reira <u>hei</u> hoa <u>o</u> Mere.
Correct: I noho ia ki reira <u>hei</u> hoa <u>mō</u> Mere.

Tame can be a student for Mere.
Incorrect: Ko Tame <u>hei</u> ākonga <u>a</u> Mere.
Correct: Ko Tame <u>hei</u> ākonga <u>mā</u> Mere.

This can be used as a part for the car.
Incorrect: E taea ana tēnei te whakamahi <u>hei</u> wāhanga <u>o</u> te motokā.
Correct: E taea ana tēnei te whakamahi <u>hei</u> wāhanga <u>mō</u> te motokā.

---

8   Rule: The 'a/o' possessive prepositions should not be used to introduce possessive comments following nouns preceded by 'Hei'.

hei [hāngū]/hei [whiti]
Koinei hei <u>wānangahia</u> mā tātou i tēnei rā.

O ngā hapa e takoto mai ana i te pukapuka nei, ko tēnei kē pea te hapa māmā katoa ki te whakamārama. Ahakoa pēhea, kāore e tika ana kia noho karapipiti te tūmahi hāngū ki muri i te 'hei'.

Of the errors presented in this book this is one of the easiest to explain, and that is because there is a direct grammar rule that relates to it. That rule is, irrespective of the context, a passive verb (verbs with endings such as '-tia', '-hia' and '-ria') must not be used directly after the 'hei' particle.[9]

This is what we will discuss today.
Incorrect: Koinei hei <u>wānangahia</u> mā tātou i te rangi nei.
Correct: Koinei hei <u>wānanga</u> mā tātou i te rangi nei.

He went to the shop to buy food to feed his guests.
Incorrect: I haere ia ki te toa ki te hoko kai hei <u>whāngaihia</u> i āna manuhiri.
Correct: I haere ia ki te toa ki te hoko kai hei <u>whāngai</u> i āna manuhiri.

Read this script aloud for the group to listen to.
Incorrect: Pānui ā-wahatia tēnei tuhinga hei <u>whakarongohia</u> mā te marea.
Correct: Pānui ā-wahatia tēnei tuhinga hei <u>whakarongo</u> mā te marea.

---

9   Rule: Verbs following 'hei' cannot take the passive form.

hei tā ..., a .../hei tā ..., hei tā ...
Hei tā te Pirimia, a Jacinda Ardern, ...

Ko te hapa i tēnei rerenga, ko te korenga i pūrua i ngā momo kupu e tohu ana i tā tētahi tangata i kī ai (h.t. 'Hei tā ...', 'E ai ki ...'). I ōna wā, ka hiahia te kaikōrero ki te tohu i tētahi tūranga e noho nei te tangata nāna nei ngā kupu, nāna nei ngā whakaaro i whakapuaki. Ki te pēnei, me pūrua tonu ngā kupu (h.t. 'Hei tā ..., hei tā ...').

The error in this sentence is that of not duplicating the particle that refers to the subject who made a certain statement (e.g. 'Hei tā ...', 'E ai ki ...'). For this example, the speaker wishes to identify a position associated with the individual who shared the comment or thought. When this is the case, the particle should be used in both places (i.e. to identify the position and the individual).

According to the prime minister, Jacinda Ardern, the tide has turned.
Incorrect: Hei tā te pirimia, a Jacinda Ardern, kua huri te tai.
Correct: Hei tā te pirimia, hei tā Jacinda Ardern, kua huri te tai.

According to the commissioner, Mere Blake, our language is alive.
Incorrect: E ai ki te toihau, a Mere Blake, e ora ana tō tātou reo.
Correct: E ai ki te toihau, ki a Mere Blake, e ora ana tō tātou reo.

... from the captain of the team, Richie McCaw.
Incorrect: ... nā te kāpene o te tīma, a Richie McCaw.
Correct: ... nā te kāpene o te tīma, nā Richie McCaw.

he mea/ka
He mea haere kōtui te reo me ngā tikanga.

Ko tā te 'He mea ...', he whakataki i tētahi tūmahi hāngū (kāore ōna kūmuri hāngū) i mahia i te wāhipa. He pēnei tōna tikanga i te 'I [hāngū] ...' (h.t. 'He mea āwhina koe' = 'I āwhinatia koe'). Ko tētahi hapa e kaha haere nei te rere, ko te whakamahia o te 'He mea' i ngā horopaki kāore e tika ana kia pēnei, arā, i ngā horopaki e kōrerohia ana tētahi 'mea'. Kei raro iho nei ētahi horopaki kua rangona ā mohoa nei.

The clause 'He mea' precedes a passive verb (without its suffix) that has already occurred (past tense). It carries the same meaning as passive structures beginning with 'I' (e.g. 'He mea āwhina koe' = 'I āwhinatia koe' ['You were helped']). An error that is becoming more common with the use of 'He mea' is that of using this clause to carry a meaning similar to 'something' (e.g. something to wash your car with). Below are some examples that have been heard to date.

The language and customs go hand-in-hand.
Incorrect: He mea haere kōtui te reo me ngā tikanga.
Correct: Ka haere kōtui te reo me ngā tikanga.

This is to help you.
Incorrect: He mea āwhina tēnei i a koe.
Correct: Hei āwhina tēnei i a koe.

Here, it's to wash your car with.
Incorrect: Anei, he mea horoi i tō motokā.
Correct: Anei, hei horoi i tō motokā.

he mea [hāngū]/he mea [whiti]
He mea titoa tēnei waiata e Tame.

Arā tētahi atu takotoranga rerehāngū e taea nei te whakamahi i ōna wā hei whakaatu i te mahia o tētahi mahi i te wāhipa. Ko taua takotoranga, ko te whai i te pūmahi 'He mea', ka mutu, he pērā tēnei i ngā rerehāngū e tīmata ana ki te 'I'. Ki te whakamahia te 'He mea' hei pūmahi mō tētahi rerehāngū, me waiho te kūmuri hāngū ki rahaki. He pērā i te pūmahi 'Me'.

There is another passive structure that can be used at times to show an action having been done in the past tense. That structure starts with the particle 'He mea', which is very much like using the past verbal particle 'I'. If 'He mea' is used the passive suffix must be removed, much like when using the particle 'Me'.[10]

This song was composed by Tame.
Incorrect: He mea titoa tēnei waiata e Tame.
Correct: He mea tito tēnei waiata e Tame.

The house was built by Mere and her friend.
Incorrect: He mea hangaia te whare e Mere rāua ko tana hoa.
Correct: He mea hanga te whare e Mere rāua ko tana hoa.

The food was prepared by my family.
Incorrect: He mea whakaritea te kai e tōku whānau.
Correct: He mea whakarite te kai e tōku whānau.

---

10 Rule: In the 'He mea' passive structure, the verb should not carry a passive suffix.

kei te/ki te, i te
I mahi au <u>kei te</u> kura o Hato Hōhepa.

I ngā hapa o te whārangi nei, e whakamahia ana te 'kei te' hei pū e whakaatu ana i te ahunga, i te anga rānei, o tētahi mahi. I ngā reremahi nei, ko te 'i' me te 'ki' anake ngā pūhono e pai ana.

In the errors presented on this page, the particle 'kei te' is being used to show the direction or focus of a certain action. In these verbal sentences, the only particles that can be used to indicate direction or focus are the 'i' and 'ki' particles.[11]

I worked at St Joseph's school.
Incorrect: I mahi au <u>kei</u> te kura o Hato Hōhepa.
Correct: I mahi au <u>i</u> te kura o Hato Hōhepa.

We'll meet at the library.
Incorrect: Ka tūtaki māua <u>kei</u> te whare pukapuka.
Correct: Ka tūtaki māua <u>ki</u> te whare pukapuka.

Hone lived in Paraparaumu.
Incorrect: I noho a Hone <u>kei</u> Paraparaumu.
Correct: I noho a Hone <u>ki</u> Paraparaumu.

---

11 Rule: 'Kei' should not be used to introduce a comment of place; 'i' or 'ki' should instead be used.

kātahi anō ... kia/kātahi anō ... ka
Kātahi anō au kia haere ki te toa.

He rite tonu te rangona o te rerenga 'Kātahi anō ... kia'. Heoi anō, i ngā horopaki e whakamāorihia ana te rerenga, 'I've only just', ko te 'ka' kē te hoa haere o te 'kātahi anō', ehara i te 'kia'.

It's quite common to hear the phrase 'Kātahi anō ... kia'. However, when we want to say something has 'only just' happened, 'ka' is the correct particle that goes alongside 'Kātahi anō', not 'kia'.[12]

I have just been to the shop.
Incorrect: Kātahi anō au kia haere ki te toa.
Correct: Kātahi anō au ka haere ki te toa.

You poor thing. You've only just been to KFC.
Incorrect: I wāu nei hoki. Kātahi anō koe kia tae atu ki KFC.
Correct: I wāu nei hoki. Kātahi anō koe ka tae atu ki KFC.

Have you only just heard? Mere and Hone parted ways a long time ago!
Incorrect: Kātahi anō koe kia rongo? Kua aua atu te wehenga a Mere rāua ko Hone!
Correct: Kātahi anō koe ka rongo? Kua aua atu te wehenga a Mere rāua ko Hone!

---

12   Rule: 'Kātahi anō' should always be followed by a verb phrase introduced by 'ka'.

kei a ... he/he ... [tā/tō]
Kei a au he hui.

Ahakoa e tika ana te takoto o te reo, ko tā te 'Kei a ... he', he whakaatu i tāu nā pupuri, i tāu nā whai i tētahi mea e ōkiko ana. Kāore e tika ana kia whakamahia tēnei takotoranga hei kōrero mō ngā āhuatanga mariko. Ko te huarahi e tika ana hei whakaatu i tēnei āhuatanga, ko te whakamahi i te 'He ... tā/tō'.

While the structure 'Kei a ... he' is not grammatically incorrect, it indicates that someone has something physically in their possession. For things that are unable to be physically possessed, this structure does not apply. Instead, the equivalent or appropriate way to indicate that you 'have' something that is intangible, or that you can't have in your possession (e.g. a meeting, a sibling), is to use the structure 'He ... tā/tō'.[13]

I have a meeting.
Incorrect: Kei a au he hui.
Correct: He hui tāku.

Mere has a thought that may help you.
Incorrect: Kei a Mere he whakaaro hei āwhina pea i a koe.
Correct: He whakaaro tō Mere hei āwhina pea i a koe.

Tame has an awesome initiative.
Incorrect: Kei a Tame he kaupapa pai rawa atu.
Correct: He kaupapa pai rawa atu tā Tame.

---

13 Rule: To indicate possession of something intangible, the 'He ... tā/tō' structure should be used.

kia/ki a
Ngā mihi nui kia koutou katoa.

Ko te tikanga o te 'kia' i waenga pū o te rerenga, he tohu i te pūtake, i te hiahia, i te hua rānei o tētahi āhuatanga (*Te Aka Māori Dictionary*, 2024). Engari ia te 'ki a', he tohu kē i te ahunga o tētahi tūmahi. Tirohia ngā tauira o raro nei e kitea ai te rerekētanga o tētahi i tētahi.

The purpose of 'kia' in the middle of a sentence is to signal the purpose, wish or effect of something (*Te Aka Māori Dictionary*, 2024). The particle 'ki a', however, signals the direction of a particular verb. See the examples below to identify the differences between each.[14]

Greetings to you all.
Incorrect: Ngā mihi nui kia koutou katoa.
Correct: Ngā mihi nui ki a koutou katoa.

They spoke to me.
Incorrect: I kōrero mai ia kia au.
Correct: I kōrero mai ia ki a au.

Mere sent her gift to Tame.
Incorrect: I tuku a Mere i tana koha kia Tame.
Correct: I tuku a Mere i tana koha ki a Tame.

---

14 Rule: To indicate the direction of a verb to a personal noun or pronoun, the personal article 'a' should always remain separated from the preposition 'ki'.

ki konei au [hāngū] ai [taunga]/ki konei au [whiti] ai i [taunga]
Ki konei <u>au uia atu ai</u> te pātai.

Ko taua hapa anō i konei i kōrerohia i mua rā mō te hāngū e noho tata ana ki muri i te tūingoa, pēnei i te tūkapi. Ki te whai te tūmahi hāngū i te tūingoa, kua noho ko te tūingoa rā hei taunga i te rerenga. E tika ai tēnei rerenga, me tūmahi kē, ā, me kaua e whakahāngū.

This is the same error as that mentioned before concerning a passive verb that follows a noun, such as a pronoun. If the passive verb follows a noun, then the noun becomes the object in the sentence. For this sentence to be correct it should include an active verb and not a passive verb.

Here I ask the question.
Incorrect: Ki konei <u>au uia atu ai</u> te pātai.
Correct: Ki konei <u>au ui atu ai i</u> te pātai.

Here I will share my thoughts.
Incorrect: Ki konei <u>au tukuna ai ōku</u> whakaaro.
Correct: Ki konei <u>au tuku ai i ōku</u> whakaaro.

Here I will hit the ball.
Incorrect: Ki konei <u>au patua atu ai te</u> pōro.
Correct: Ki konei <u>au patu atu ai i te</u> pōro.

ki te/hei
Kei te panonitia te hui ā-ipurangi <u>ki te</u> hui ā-kanohi.

He pēnei i ētahi atu hapa kei tēnei pukapuka, ahakoa he ōrite te whakapākehātanga ka whakapākehātia ana te kīanga Māori, he rerekē tonu tōna tikanga i te reo Māori. Ka whakamahia ana te 'ki te', ko te ahunga kē tērā ka rerekē. Manohi anō, ko tā te 'hei' i ēnei horopaki, he whakaatu i te huringa o tētahi āhua, ki āhua kē.

Much like other errors in this book, despite the English expression being correct in the contexts below, when translated into Māori the meaning changes. In the contexts presented below, 'ki te' indicates a physical or literal turning, changing or stitching of one thing to another. On the other hand, 'hei' indicates a change in form.[15]

The online meeting is being changed to a face-to-face meeting.
Incorrect: Kei te panonitia te hui ā-ipurangi <u>ki te</u> hui ā-kanohi.
Correct: Kei te panonitia te hui ā-ipurangi <u>hei</u> hui ā-kanohi.

His old clothes are being tailored into something fashionable.
Incorrect: E tuia ana ōna kaka tawhito <u>ki te</u> kaka huatau.
Correct: E tuia ana ōna kaka tawhito <u>hei</u> kaka huatau.

That bill is being put into law.
Incorrect: E whakamanatia ana tērā pire <u>ki te</u> ture.
Correct: E whakamanatia ana tērā pire <u>hei</u> ture.

---

15 Rule: To indicate a change in form of an object, 'hei' should be used.

ki te [hāngū]/ki te [whiti]

E haere ana māua <u>ki te whakahaerehia</u> i te hui.

Kotahi anake te horopaki e pai ana te whakamahia o te tūmahi hāngū i muri i te 'ki te', arā, ko ngā wā e noho mai ana taua 'ki te' hei 'if' i te reo Māori. Hei tauira, 'Ki te whakahaeretia e koe taua hui, …'. I tua atu i tērā, kia kaua e whakahāngūtia ngā tūmahi e noho karapipiti ana me te 'ki te'. Kei raro iho nei ētahi horopaki e whakatauira mai ana i tēnei āhuatanga.

There is only one context in which the passive verb can be used after 'ki te' and that is when 'ki te' is used to mean 'if'. For example, 'If you were to facilitate that meeting, …' ('Ki te whakahaeretia e koe taua hui, …'). Beyond this, it is incorrect to use passive verbs after 'ki te'. Below are some additional contexts that exemplify this.[16]

We are both going to facilitate the meeting.
Incorrect: E haere ana māua <u>ki te whakahaerehia</u> i te hui.
Correct: E haere ana māua <u>ki te whakahaere</u> i te hui.

I will now use the English language to explain.
Incorrect: Ka huri au ki te reo Pākehā <u>ki te whakamāramahia</u>.
Correct: Ka huri au ki te reo Pākehā <u>ki te whakamārama</u>.

We are going to head back to discuss the topic.
Incorrect: Ka hoki atu mātou <u>ki te wānangahia</u> i te kaupapa.
Correct: Ka hoki atu mātou <u>ki te wānanga</u> i te kaupapa.

---

16   Rule: Unless used to mean 'if', 'ki te' is never followed by a passive verb.

mā ... e [hāngū]/mā ... e [whiti]
Māku koe e tiakina.

Ki te whakamahia e te kaikōrero te rerekaimahi e hāngai ana ki te wāheke, kāore e whakaaengia ana kia noho ko tētahi tūmahi hāngū hei mahi mā te kaimahi. Ko ngā tūmahi whiti (ngā tūmahi me whai taunga rawa) anake e whakaaengia ana kia noho hei wāhanga mō tētahi rerekaimahi.

If a speaker chooses to use an actor-emphatic sentence in reference to the future, a passive verb can't be used. Instead, for the sentence to be grammatically correct the speaker must use a transitive verb (a verb that requires an object).[17]

I will look after you.
Incorrect: Māku koe e <u>tiakina</u>.
Correct: Māku koe e <u>tiaki</u>.

Mere will return Tame's hat to him.
Incorrect: Mā Mere te pōtae o Tame e <u>whakahokia</u> atu ki a ia.
Correct: Mā Mere te pōtae o Tame e <u>whakahoki</u> atu ki a ia.

Tame will cook our dinner.
Incorrect: Mā Tame tā tātou kai o te pō e <u>tunua</u>.
Correct: Mā Tame tā tātou kai o te pō e <u>tunu</u>.

---

17 Rule: The verb in an actor-emphatic sentence structure should not be a passive verb.

mā … e … i/mā … e …
Mā wai e tuku i tā tātou karakia.

Ahakoa te rite tonu o te karawhiua o te 'i' hei tohu i te taunga o tētahi rerekaimahi, e tika ai te takoto (ā-wetereo nei), me pare e te kaikōrero tērā 'i' ki rahaki. Ki te uaua ki te kaikōrero tēnei hapa te whakatika, ko tētahi huarahi e māmā ake ai te taha ki te whakatika, ko te tō i te taunga ki mua i te tūmahi (hei tauira, 'Mā wai tā tātou karakia e tuku').

Despite the frequent use of 'i' to denote the object of an actor-emphatic sentence, for this type of sentence to be grammatically correct the 'i' must be removed. If the speaker finds it difficult to rectify this error, a way that can make it easier is to bring the object forward in the sentence (for example, 'Mā wai tā tātou karakia e tuku').[18]

Who will conduct our karakia?
Incorrect: Mā wai e tuku i tā tātou karakia?
Correct: Mā wai e tuku tā tātou karakia?

Tame will run our meeting.
Incorrect: Mā Tame e whakahaere i tā tātou hui.
Correct: Mā Tame e whakahaere tā tātou hui.

Mere will correct the work of Tame.
Incorrect: Mā Mere e whakatika i ngā mahi a Tame.
Correct: Mā Mere e whakatika ngā mahi a Tame.

---

18 Rule: In an actor-emphatic sentence structure, 'i' should not be used to identify the object.

mā ... ka ... ai/mā ... ka
Mā te wai ka ora ai te tangata.

Rangona ai tēnei hapa i ngā horopaki e hiahia nei te kaikōrero ki te whakaatu i te pūtake o tētahi āhuatanga, o tētahi mahi rānei. Ko ngā takotoranga ka whakamahia i te nuinga o te wā, ko ngā takotoranga 'Mā ... e ... ai' me te 'Mā ... ka ...'. I ōna wā, ka punua rangirua pea te kaikōrero i te whakaurunga o te pū 'ai' ki ngā rerenga e whai nei i te takotoranga 'Mā ... ka ...'. E rua, e rua, te 'ka ... ai' me te 'kātahi ka'. Nō reira, ko te ture kōnui hei whai, ki te whakamahia te 'ka', waiho te 'ai' ki rahaki.

This error is often heard in situations where the speaker is wanting to show why a future state will be obtained or will occur. The most common structures for showing this are both 'Mā ... e ... ai' and 'Mā ... ka ...'. Where speakers at times will come into difficulty is with the addition of the particle 'ai' to sentences that follow the 'Mā ... ka ...' form. The 'ka ... ai' clause performs the same function as 'kātahi ka' or 'and then'.[19]

Water will be the reason people survive.
Incorrect: Mā te wai ka ora ai te tangata.
Correct: Mā te wai ka ora te tangata.

By a miracle the All Blacks will win.
Incorrect: Mā te merekara ka toa ai te kapa Ōpango.
Correct: Mā te merekara ka toa te kapa Ōpango.

The deluge will cause the barren land to flood.
Incorrect: Mā ngā rangi a Rire ka waipukehia ai te pākihi.
Correct: Mā ngā rangi a Rire ka waipukehia te pākihi.

---

19 Rule: In a comment of reason structure, the 'ka' particle introducing the result should not be followed by 'ai'.

me [hāngū]/me [whiti]
Me whakaritea e koe te hui.

Ki te whakamahi tātou i te pū 'Me' hei whakataki i te rerehāngū, kāore e tika ana kia āpitihia te kūmuri hāngū ki te tūmahi hāngū rā. Ahakoa noho tonu mai ai te tūmahi rā hei tūmahi hāngū, me kaua te kaikōrero e āpiti i te kūmuri hāngū. Ko te toenga o te rerenga ka ū tonu ki ngā tikanga o te rerehāngū (hei tauira, te 'e' hei tohu i te kaimahi).

When using the word 'Me' to start a passive sentence (meaning 'should', 'could' or 'ought to'), the verb that follows should not be in the passive form. Despite that verb still remaining a passive verb, it is incorrect for the speaker to add the passive ending. The rest of the sentence continues to follow the passive structure (e.g. the use of 'e' to indicate the subject of the sentence).[20]

You run the meeting.
Incorrect: Me whakahaerehia e koe te hui.
Correct: Me whakahaere e koe te hui.

Tame should think about what he said to Mere.
Incorrect: Me whakaarohia e Tame tāna i kī rā ki a Mere.
Correct: Me whakaaro e Tame tāna i kī rā ki a Mere.

That family needs to organise a holiday.
Incorrect: Me whakaritea e tērā whānau tētahi hararei.
Correct: Me whakarite e tērā whānau tētahi hararei.

---

20 Rule: In the 'Me' passive structure, the verb should not carry a passive suffix.

me mātua [hāngū]/me mātua [whiti]
Me mātua whakaritea e koe te tēpū.

He pērā i te ture e hāngai ana ki te whakahāngū i ngā tūmahi e noho mai ana hei hoa mō te pū 'me', me ū rawa te kaikōrero ki tēnei ture, ahakoa te whakamahia o te kīanga 'Me mātua'. Ahakoa te āpitihanga o tēnei kōrero, kāore e whakaaengia ana te whatinga o taua ture rā — me ū tonu. Kei ngā tauira o raro tēnei āhuatanga e whakaaturia ana.

Much like the rule regarding the use of passive verbs after the 'me' particle, the same applies when using the saying/idiom 'Me mātua' (meaning 'must', or highlighting something important). The inclusion of the modifier 'mātua' after 'me' does not allow the speaker to abstain from the passive rule. The passive verb following 'Me mātua' must also take the non-passified form, as shown below.[21]

You must set the table.
Incorrect: Me mātua whakaritea e koe te tēpū.
Correct: Me mātua whakarite e koe te tēpū.

Mere must take the book to Tame.
Incorrect: Me mātua haria e Mere te pukapuka ki a Tame.
Correct: Me mātua hari e Mere te pukapuka ki a Tame.

They must fix the toilet.
Incorrect: Me mātua whakatikaina e rātou te wharepaku.
Correct: Me mātua whakatika e rātou te wharepaku.

---

21 Rule: When using 'Me mātua', the rules of the 'Me' passive structure should still be followed, and therefore the verb should not carry a passive suffix.

mō koe/mōu
He whare tēnei mō koe.

I ngā wā e kōrerohia ana te tangata kotahi, me te pānga o tētahi mea ki te tangata rā, ko te 'mōu', ko te 'mōna', ko te 'mōku' kē rānei ngā kupu e tika ana. Kāore e tika ana kia whakamahia te 'mō koe' hei whakaatu i te kīanga Pākehā 'for you'. Heoi, ki te kōrerohia ētahi tāngata e rua, neke atu rānei, koirā kē te wā e tika ana kia whāia te takotoranga, 'mō [tūpou]' (h.t. mō kōrua).

When discussing the relationship or possession of something by an individual, 'mōu', 'mōna' or 'mōku' should be used. It is incorrect to use 'mō koe' to mean the English saying 'for you'. However, in instances when you're referring to two or more people, the use of 'mō [pronoun]' (e.g. mō kōrua) is correct.[22]

This is a house for you.
Incorrect: He whare tēnei mō koe.
Correct: He whare tēnei mōu.

Use these earrings to adorn yourself.
Incorrect: Whakamahia ēnei whakakai hei whakarākei mō koe.
Correct: Whakamahia ēnei whakakai hei whakarākei mōu.

This medication was prepared for you in the hope that you would get better.
Incorrect: I whakaritea tēnei rongoā mō koe me kore e ora anō ai koe.
Correct: I whakaritea tēnei rongoā mōu me kore e ora anō ai koe.

---

22   Rule: When using 'mō' to introduce a pronoun, 'mōu' or 'māu' should be used.

nā ... i [hāngū]/nā ... i [whiti]
Nāku te kai i tunua.

Kāore e tika ana kia noho te tūmahi hāngū (ngā tūmahi e whai kūmuri hāngū ana, pēnei i te '-tia', '-kia', me te '-ria') hei mahi mā te kaimahi i ngā rerekaimahi. E tika ai te takoto o te reo, me whakamahi kē tētahi tūmahi whiti.

A passive verb (the verbs that take tails such as '-tia', '-hia' and '-ria') shouldn't be used in actor-emphatic sentences. Instead, for the sentence to be grammatically correct the speaker must use a transitive verb (non-passified verbs that require an object).[23]

I cooked the food.
Incorrect: Nāku te kai i *tunua*.
Correct: Nāku te kai i *tunu*.

The family unwrapped their presents.
Incorrect: Nā te whānau i *huraina* ā rātou taonga.
Correct: Nā te whānau i *hura* ā rātou taonga.

It was Mere who took the children to the park instead.
Incorrect: Nā Mere kē ngā tamariki i *haria* ki te pāka.
Correct: Nā Mere kē ngā tamariki i *hari* ki te pāka.

---

23 Rule: The verb in an actor-emphatic sentence structure should not be a passive verb.

nā ... i [whiti] i [taunga]/nā ... i [whiti] [taunga]
Nā wai i horoi i ngā rīhi?

Koinei tētahi o ngā hapa e rua ka kaha puta i ngā rerekaimahi, arā, ko te whakamahi i te 'i' hei tohu i te taunga o te rerenga. Kāore he take mō te whakauru i te 'i' ki mua tonu i te taunga o tēnei momo rerenga. Ko tētahi atu huarahi hei whakaaro, me kore e tika ake te takoto o te reo, ko te tō i te taunga ki mua i te tūmahi (h.t. 'Nā wai ngā rīhi i horoi'). Nā te kawa ki ngā taringa, ka uaua te whakauru i te 'i' ki taua wāhi rā.

This is one of the two primary errors heard in the use of actor-emphatic sentences, which arises through the use of the particle 'i' to identify the object of the sentence. There is no need for the object marker 'i' in these types of sentences. An alternative route for correcting this mistake is to bring the object forward in the sentence (e.g. 'Nā wai ngā rīhi i horoi').[24]

Who washed the dishes?
Incorrect: Nā wai i horoi i ngā rīhi?
Correct: Nā wai i horoi ngā rīhi?

It was me who threw the ball.
Incorrect: Nāku i whiu i te pōro.
Correct: Nāku te pōro i whiu.

Mere packed the very large tent.
Incorrect: Nā Mere i whakatakupe i te tēneti nui rawa atu.
Correct: Nā Mere i whakatakupe te tēneti nui rawa atu.

---

24   Rule: In an actor-emphatic sentence structure, 'i' should not be used to identify the object.

nō koe/nōu
He whare tēnei <u>nō koe</u>.

I ngā wā e kōrerohia ana te tangata kotahi, me whakamahi rawa te 'nōu', te 'nōna', te 'nōku' rānei (te 'nāu', te 'nāna', te 'nāku' rānei). Kāore e tika ana te 'nō koe', te 'nā koe' rānei hei kōrero i te tangata kotahi me te pānga o tētahi mea, o tētahi āhuatanga rānei ki a ia. Hāunga tēnei, e pai ana te 'nō [tūpou]' (h.t. nō kōrua, nō koutou) i ngā wā e korerohia ana te tokorua, neke atu rānei.

When talking in singulars, 'nōu', 'nōna' and 'nōku' must be used (or 'nāu', 'nāna' and 'nāku'). You cannot use 'nō koe' or 'nā koe' when referring to the relationship between one person and something else. Only when referring to people in the plural (e.g. two or more) can you use 'nō [tūpou]' (e.g. nō kōrua, nō koutou). This applies across both the 'a' and 'o' categories.[25]

This is a house of yours.
Incorrect: He whare tēnei <u>nō koe</u>.
Correct: He whare tēnei <u>nōu</u>.

Is Mere a relation of yours?
Incorrect: He karawa rānei a Mere <u>nō koe</u>?
Correct: He karawa rānei a Mere <u>nōu</u>?

Because you didn't get jealous, the dog didn't bite.
Incorrect: He kore <u>nō koe</u> i pūhaehae i kore ai te kurī e ngau.
Correct: He kore <u>nōu</u> i pūhaehae i kore ai te kurī e ngau.

---

25 Rule: When using 'nō' to introduce a singular pronoun, 'nōu' or 'nāu' should be used.

nō ... e [hāngū] ana/nō ... e [whiti] ana
Nōna e whakaako<u>hia</u> ana i ngā tauira ...

Ko tēnei tētahi o ngā hapa e kaha karawhiua ana i tēnei takotonga rerewā, arā, i te 'nō ... e ... ana'. Ko te raru kē o te rerenga nei, ka noho ko te upoko o te rerenga hei taunga. E tika ai te takoto o te reo, me tango te kūmuri hāngū, ā, me tūmahi poro, me tūmahi whiti, me tūmahi wheako kē rānei te kupu e whakaurua ana ki te wāhi rā.

This is a common error that arises in the use of time clauses beginning with 'Nō' (e.g. 'Nō ... e ... ana'), where a passive verb is used in a non-passive construction. The issue with this is that the time clause also becomes the object of the sentence. For this sentence to be correct the verb must instead be non-passive.[26]

While I was taking off marks ...
Incorrect: Nōku e tango<u>hia</u> ana i ngā māka ...
Correct: Nōku e tango ana i ngā māka ...[27]

When they were teaching the students ...
Incorrect: Nō rāua e whakaako<u>hia</u> ana i ngā tauira ...
Correct: Nō rāua e whakaako ana i ngā tauira ...

When they were reporting on the annual meeting ...
Incorrect: Nōna e pūrongo<u>tia</u> ana i te hui ā-tau ...
Correct: Nōna e pūrongo ana i te hui ā-tau ...

---

26 Rule: In the time clause 'Nō ...', when the introductory noun is intended to be the subject, the verb must not carry a passive suffix.

27 This sentence needs more information for it to be complete, for example, 'Nōku e tango ana i ngā māka ka kite mai te ākonga' ('While I was taking off marks, the student saw me').

o koe/ōu
I te korenga o koe i tae atu, i toa te tīma.

He pēnei i ngā kōrero kua whakatakotoria mō te 'mō koe' me te 'nō koe', i ngā wā e kōrerohia ana te tangata kotahi, kāore e tika ana te whakamahinga o te 'o koe' hei kōrero i te pānga o tētahi mea, o tētahi āhuatanga rānei ki te tangata. Ko te 'ōu', ko te 'ōna', ko te 'ōku' kē rānei ngā pū hei whakamahi mā te kaikōrero. Kotahi tonu te ture e hāngai ana ki tēnei momo hapa, ki te kōrerohia ngā tāngata e rua, neke atu rānei, e pai ana kia whakamahia te 'o [tūpou]' (h.t. 'I te korenga o koutou ...').

As discussed in relation to 'mō koe' and 'nō koe', when talking in singular, 'ōu', 'ōna' and 'ōku' must be used to mean 'of you', 'of him' and 'of me'. Only when referring to people in the plural (e.g. two or more people) can you use 'o [pronoun]' (e.g. 'I te korenga o koutou ...').[28]

Because you didn't go, the team won.
Incorrect: I te korenga o koe i tae atu, i toa te tīma.
Correct: I te korenga ōu i tae atu, i toa te tīma.

When you are paid, you usually go to the bottle store.
Incorrect: I te utunga o koe, kotahi atu ai ki te toa hoko waipiro.
Correct: I te utunga ōu, kotahi atu ai ki te toa hoko waipiro.

You got upset when you were compared to a monkey.
Incorrect: I pāmamae koe i te whakaritea o koe ki te makimaki.
Correct: I pāmamae koe i te whakaritea ōu ki te makimaki.

---

28 Rule: When using 'o' to introduce a singular pronoun, 'ōu' should be used.

[oti] au i te/[oti] i a au te
I pakaru a Mere i te motokā.

Ko tā te 'i' i ngā rereāhua nei, he tohu i te pūtake (te kaimahi i ōna wā) i pā ai tētahi āhua ki te taunga. Ko te raru kē ia i ēnei momo rerenga, ki te hē te whakaurua o te 'i' ki te rerenga, ā, ka noho mai ko te taunga hei pūtake me te pūtake hei taunga. I te tauira e noho nei hei wāhanga mō te upoko o te whārangi nei, ko Mere kē tērā e noho nei hei taunga, ā, ko te motokā kē te take i pakaru ai a Mere. E tika ai te takoto o te rerenga, me noho kē mai te 'i' ki mua i te tangata nāna i pakaru ai te motokā.

The role of the particle 'i' in this type of sentence is to signal the agent (often a person) responsible for a certain state. When the 'i' is inserted into the wrong part of the sentence, the agent and the subject get confused. This is the case in the main example of this page, where it is Mere who has been broken by the car (assuming we are wanting to say that 'Mere broke the car'). For this sentence to be correct the 'i' particle must be used to indicate the person responsible for a certain state occurring.[29]

Mere broke the car.
Incorrect: I pakaru a Mere *i te motokā*.
Correct: I pakaru *i a Mere* te motokā.

I have grasped the meaning of the sentence.
Incorrect: Kua mau au *i te tikanga* o te rerenga.
Correct: Kua mau *i a au* te tikanga o te rerenga.

---

29 Rule: The 'i' particle following a stative introduces the agent, not the subject.

Tame has completed the bike leg and is now running.
Incorrect: Kua oti a Tame <u>i te taha</u> ki te paihikara, ā, e oma ana ināianei.
Correct: Kua oti <u>i a Tame</u> te taha ki te paihikara, ā, e oma ana ināianei.

pēnei ki/pēnei i
..., he <u>pēnei ki</u> te kōrero a Mere.

Ko tā te 'pēnei', he tohu kia rite tonu tētahi mea ki tā te kaikōrero e whakaatu ana, e aha kē ana rānei, e pātata ana ki a ia, e hono ana rānei ki a ia (*He Pātaka Kupu*, 2008). Ko te pū e tika ana hei hoa mō 'pēnei', ko 'i', arā, me 'pēnei i'.

The word 'pēnei' signals something to be the same as what the speaker is referring to (by showing, doing, saying or otherwise), the latter being near them or linked to them (*He Pātaka Kupu*, 2008). The correct particle to use with 'pēnei' at all times is 'i'.[30]

..., just like what Mere said.
Incorrect: ..., he <u>pēnei ki</u> te kōrero a Mere.
Correct: ..., he <u>pēnei i</u> te kōrero a Mere.

That Tame is greedy, just like my relation.
Incorrect: He kaiapo te Tame rā, he <u>pēnei ki</u> taku karawa.
Correct: He kaiapo te Tame rā, he <u>pēnei i</u> taku karawa.

The way that that boy eats, is just like a pig.
Incorrect: Ko te āhua o tā te tama rā kai, he <u>pēnei ki</u> te poaka.
Correct: Ko te āhua o tā te tama rā kai, he <u>pēnei i</u> te poaka.

---

[30] Rule: 'Pēnei' always takes the 'i' particle.

pērā ki/pērā i
..., he <u>pērā ki</u> tā Tame i whakarite ai.

Ko tā te 'pērā', he tohu kia rite tonu tētahi mea ki tā tētahi tangata i tua atu i te kaikōrero me te kaiwhakarongo e whakaatu ana, e aha kē ana rānei, e pātata ana ki a ia, e hono ana rānei ki a ia (*He Pātaka Kupu*, 2008). Ko te pū e tika ana hei hoa mō 'pērā', ko 'i', arā, me 'pērā i'.

The word 'pērā' signals something to be the same as what the speaker is referring to (by showing, doing, saying or otherwise), which is away from both the speaker and the listener (*He Pātaka Kupu*, 2008). The correct particle to use with 'pērā' at all times is 'i'.[31]

..., just like what Tame had organised.
Incorrect: ..., he <u>pērā ki</u> tā Tame i whakarite ai.
Correct: ..., he <u>pērā i</u> tā Tame i whakarite ai.

Prepare the meat so that it's just like Tame's example.
Incorrect: Whakaritea te mīti kia <u>pērā ki</u> tā Tame i whakatauira ai.
Correct: Whakaritea te mīti kia <u>pērā i</u> tā Tame i whakatauira ai.

I want my house to be built so that it's just like Mere's house.
Incorrect: E pīrangi ana au kia hangaia tōku whare kia <u>pērā ki</u> tō Mere.
Correct: E pīrangi ana au kia hangaia tōku whare kia <u>pērā i</u> tō Mere.

---

31   Rule: 'Pērā' always takes the 'i' particle.

rāua ko/māua ko
Ka haere <u>au rāua ko</u> Tame.

Ki te hiahia te kaikōrero ki te whakaatu i te mahia o tētahi mahi e rāua ko tōna hoa, ko te 'māua ko' te huarahi hei whai māna. Ki te whakamahi te kaikōrero i te 'au rāua ko', i a ia e kōrero ana mōna ake, kua hapa te reo. Ko tēnei ture tērā ka ū tonu ka whakamahia ana te kupu 'mātou' (mō te tokotoru, neke atu rānei).

If the speaker wishes to show something being done by them and their friend, 'māua ko' is the correct way to show this. 'Au rāua ko' should not be used while the speaker is speaking about themselves. This rule also applies when talking about three or more people (e.g. 'mātou ko' should be used instead of 'au rātou ko').

Tame and I are both going to go.
Incorrect: Ka haere <u>au rāua ko</u> Tame.
Correct: Ka haere <u>māua ko</u> Tame.

Mere and I organised a meeting.
Incorrect: I whakaritea e <u>au rāua ko</u> Mere tētahi hui.
Correct: I whakaritea e <u>māua ko</u> Mere tētahi hui.

Tame, Mere and I would usually go down to the park in Tāneatua to kick the ball around.
Incorrect: Whana ai <u>au rātou ko</u> Tame, ko Mere, i te pōro i ngā papa whutupōro o Tāneatua.
Correct: Whana ai <u>mātou ko</u> Tame, ko Mere, i te pōro i ngā papa whutupōro o Tāneatua.

taea a [kaimahi]/taea e [kaimahi]
Ka <u>taea a Mere</u> te toro atu ki ōna waewae.

He nui ngā kōrero kei te pukapuka nei mō te weriweri nei, mō 'taea'. Heoi anō, ko te hapa i konei ko te noho o te 'a' ki mua tata i te tūmoko, i te tūkapi, i te tūingoa rānei, mēnā e whakamahia ana te kupu 'taea'. Ka whai te kupu 'taea' i ngā tikanga o te rerehāngū, nō reira me noho kē ko te 'e' ki mua tata i te kaimahi.

The word 'taea' is mentioned often in this book. However, the error here is the use of 'a' in front of a personal pronoun, pronoun or noun if 'taea' is used. 'Taea' follows the rules of passive sentences, so 'e' must be placed in front of the subject.[32]

Mere can touch her toes.
Incorrect: Ka <u>taea a Mere</u> te toro atu ki ōna waewae.
Correct: Ka <u>taea e Mere</u> te toro atu ki ōna waewae.

Tame can drive.
Incorrect: Ka <u>taea a Tame</u> te taraiwa.
Correct: Ka <u>taea e Tame</u> te taraiwa.

I can run.
Incorrect: Ka <u>taea au</u> te oma.
Correct: Ka <u>taea e au</u> te oma.

---

32   Rule: 'Taea' follows a passive structure and therefore 'e' precedes the subject.

taea … ki te/taea te …
Ka <u>taea</u> e au <u>ki</u> te haere ki te wharepaku?

E taea nei te kupu 'taea' te whakamahi hei whakaatu i tā tātou wātea, i tā tātou āhei rānei ki te mahi i tētahi mahi. Ko tētahi hapa ka puta i ngā kaikōrero, ahakoa te taumata o te matatau, ko te āpiti i te 'ki' hei tohu i te mahi e taea nei te mahi.

'Taea' can be used to say that we 'can' or 'are able to' do something. An error that is often made is to add 'ki' to indicate what it is that we can or are able to do.[33]

Can I purchase that car?
Incorrect: Ka <u>taea</u> e au <u>ki</u> te hoko tērā motokā?
Correct: Ka <u>taea</u> e au te hoko tērā motokā?

Mere is able to pick Tame's child up from school.
Incorrect: Kua <u>taea</u> e Mere <u>ki</u> te tiki te tamaiti a Tame i te kura.
Correct: Kua <u>taea</u> e Mere te tiki te tamaiti a Tame i te kura.

I can go there.
Incorrect: Ka <u>taea</u> e au <u>ki</u> te haere ki reira.
Correct: Ka <u>taea</u> e au te haere ki reira.

---

33 Rule: 'Taea' follows a passive structure and therefore 'ki' is not required to introduce the object.

taea te ... i .../taea te ...
Ka taea e au te kite i̱ te āniwaniwa.

Ko te hapa ka rere i ōna wā ka whakamahia ana te kupu 'taea', ko te whakauru i te pū 'i' hei tohu i te taunga o te rerenga. Ahakoa te motuhake o te kupu 'taea', ka whai tonu te kupu nei i te takotoranga hāngū, nō reira kāore he take mō te whakauru i te 'i'. Ko tētahi atu huarahi e māmā ake ai te pare i tēnei hapa ki rahaki, ko te tō mai i te taunga ki mua i te mahi (h.t. 'Ka taea e au te āniwaniwa te kite').

An error that occurs at times with the word 'taea' is using the particle 'i' to identify the object of the sentence. Despite the special characteristics associated with the word 'taea', it still follows the passive sentence structure and therefore there is no need for the 'i' particle. An alternative route, which may make it easier to avoid the error, is stating the object before the action (e.g. 'Ka taea e au te āniwaniwa te kite').[34]

I can see the rainbow.
Incorrect: Ka taea e au te kite i̱ te āniwaniwa.
Correct: Ka taea e au te kite te āniwaniwa.

The brother-in-law of Tame was capable of driving the tractor.
Incorrect: I taea e te taokete o Tame te taraiwa i̱ te tarakihana.
Correct: I taea e te taokete o Tame te taraiwa te tarakihana.

How could I possibly not be capable of doing that work?
Incorrect: Me pēhea e kore ai e taea e au te mahi i̱ tērā mahi?
Correct: Me pēhea e kore ai e taea e au te mahi tērā mahi?

---

34 Rule: 'Taea' follows a passive structure and therefore 'i' is not required to introduce the object.

tā taku/taku

Me whakaaro au i mua i <u>tā taku</u> kōrero ki a koe.

Ko te rerekē o te kotahi i te takitini te aronga i tēnei hapa. I ēnei momo kīanga, ki te kōrero koe mōu ake, ka mutu, kāore he tangata kē atu e kōrerohia ana e koe, ko te 'taku', ko te 'tāku' kē rānei te kupu pānga me noho mai ki mua i te mahi. Kāore e tika ana kia kuhuna atu te 'tā' (h.t. tā taku kōrero), hāunga ngā wā e kōrerohia ana te takitini (h.t. tā mātou haere, tā kōrua kōrero).

This error is one regarding the differences in singular and plural expressions. In these types of clauses, when you are referring to yourself and you are not speaking on behalf of another party, there is no need for the 'tā' particle prior to 'taku'. It is only when you are referring to two or more people that 'tā' should be used (e.g. tā mātou haere, tā kōrua kōrero).

I shall think before I say anything to you.
Incorrect: Me whakaaro au i mua i <u>tā taku</u> kōrero ki a koe.
Correct: Me whakaaro au i mua i <u>taku</u> kōrero ki a koe.

I must correct myself before I correct you.
Incorrect: Me whakatika au i a au anō i mua i <u>tā taku</u> whakatika i a koe.
Correct: Me whakatika au i a au anō i mua i <u>taku</u> whakatika i a koe.

Write a list before I go to the shop.
Incorrect: Tuhia he rārangi i mua i <u>tā taku</u> haere ki te toa.
Correct: Tuhia he rārangi i mua i <u>taku</u> haere ki te toa.

te [hāngū] i/te [whiti] i
Ka rawe te kitea i a koutou.

He āhua nui tonu ngā takotoranga o te reo Māori e taea nei tēnei momo hapa te whakaputa. Ko te ture whānui ko tēnei: Kāore e tika ana kia noho te tūmahi hāngū ki mua tonu mai i te 'i', mehemea e whakamahia ana tērā 'i' hei tohu i tētahi taunga. Ka mutu, ko te tūmahi whiti (ngā momo tūmahi me whai taunga rawa) kē te momo tūmahi hei kuhu atu ki tēnei momo rerenga.

There are many examples of this error. The rule in its most simple form is this: A passive verb should not sit directly before the 'i' particle if that 'i' is being used to indicate the object of the sentence (e.g. the thing that the action is being done to). Instead, a transitive verb should be used in this instance.[35]

It is great to see you all.
Incorrect: Ka rawe te kitea i a koutou.
Correct: Ka rawe te kite i a koutou.

Throwing the ball was easy.
Incorrect: I māmā te whiua i te pōro.
Correct: I māmā te whiu i te pōro.

Cleaning the room was slow progress.
Incorrect: I pōturi te whakapaitia i te rūma.
Correct: I pōturi te whakapai i te rūma.

---

35   Rule: A passive verb should not precede the 'i' particle if the purpose of that particle is to indicate the object.

te whare ō Mere/te whare o Mere
Kua haere tātou ki te whare ō Mere.

Ko tā te pūpānga 'a' me te 'o' i tēnei horopaki, he whakaatu i te hononga i waenga i te taupānga (h.t. Mere) me te whaipānga (h.t. whare). Ki te noho mātāmua mai te whaipānga i te kīanga (h.t. 'whare o Mere'), kāore e tika ana kia whai tohutō te pūpānga rā.

The possessive particles 'a' and 'o' in this context indicate the relationship between the possessor (e.g. Mere) and the possessum (e.g. whare). When the possessum sits in front of the possessor in the phrase (e.g. 'whare o Mere'), the 'a' or 'o' particle takes the short form (no macron).[36]

We are heading to Mere's house.
Incorrect: Kua haere tātou ki te whare ō Mere.
Correct: Kua haere tātou ki te whare o Mere.

Please grab Tame's shoes.
Incorrect: Tēnā, tīkina ngā hū ō Tame.
Correct: Tēnā, tīkina ngā hū o Tame.

The family's dog is sick.
Incorrect: Kua māuiui te kurī ā te whānau.
Correct: Kua māuiui te kurī a te whānau.

---

36 Rule: When the possessum precedes the possessor, the possessive preposition takes the short form.

to tātou whare/tō tātou whare
Nau mai ki to tātou whare.

He pēnei i ngā kōrero e takoto mai ana i te whārangi o mua, ko tā te pūpānga 'tā' me te 'tō' i tēnei horopaki, he whakaatu i te hononga i waenga i te taupānga (h.t. Mere) me te whaipānga (h.t. whare). Ki te noho mātāmua mai te taupānga i mua i te whaipānga (h.t. 'tō Mere whare'), me whai tohutō te pūpānga rā.

Much like what is presented on the previous page, the 'tā' and 'tō' possessive particles in this context show the relationship between the possessor (e.g. Mere) and the possessum (e.g. whare). When the possessor sits in front of the thing possessed in the phrase (e.g. 'tō Mere whare'), that possessive particle must take the long form (have a macron).[37]

Welcome to our house.
Incorrect: Nau mai ki to tātou whare.
Correct: Nau mai ki tō tātou whare.

We both went in Mere's car.
Incorrect: I haere tahi māua i to Mere waka.
Correct: I haere tahi māua i tō Mere waka.

Our friend has some nerve to refuse the food they prepared for him.
Incorrect: Te hia whakanau a to tāua hoa i tā rātou i hora mai ai hei kai māna.
Correct: Te hia whakanau a tō tāua hoa i tā rātou i hora mai ai hei kai māna.

---

[37] Rule: When the possessor precedes the possessum, the possessive preposition takes the long form.

tō … i … ai/tā … i … ai
Koirā tō te tamaiti i āki ai.

I ngā hapa e rārangi ana i raro nei, ko te 'a' me 'o' ērā e whakararuraru ana anō i a tātou. Katoa ngā tauira e kitea ana i raro nei e hāngai ana ki te mahi a te tangata, ā, i tōna tikanga, me noho kē ki te whānau 'a'. I ēnei horopaki ko te 'tā' te pūpānga e hāngai ana, otirā, te pūpānga e tika ana.

In the errors listed below, the 'a' and 'o' category is again puzzling. All the errors you see below relate to the actions of people and belong in the 'a' family. In these specific contexts, the possessive particle 'tā' is the relevant and correct one.

That's what the child urged.
Incorrect: Koirā tō te tamaiti i āki ai.
Correct: Koirā tā te tamaiti i āki ai.

What Mere put forward is being spoken about.
Incorrect: E kōrerohia ana tō Mere i whakatakoto mai ai.
Correct: E kōrerohia ana tā Mere i whakatakoto mai ai.

The builder did not achieve what the architect thought.
Incorrect: Kīhai i tutuki i te kāmura tō te kaihoahoa i whakaaro ai.
Correct: Kīhai i tutuki i te kāmura tā te kaihoahoa i whakaaro ai.

[wheako] ... [te/ngā]/[wheako] ... ki [te/ngā]
Kei te <u>hiahia</u> au <u>te</u> kai rā.

Ki te whakamahia ngā tūmahi wheako i te rerenga, ko te 'ki' te pūhono i waenganui i te tūmahi me te taunga. I ōna wā, e ngaro ana te 'ki' i ngā wāhi e tika ana kia kuhuna atu. Heoi anō, i te reo ā-waha Māori nei, he wā ōna ka ngaro te 'ki' i te rerenga, engari e noho kēhua ana. Ka tuhia ana, me kuhu te 'ki'.

If an experience verb is used in a sentence, the correct particle to link the verb to the object is 'ki'. There are times when the 'ki' particle is missing when it should be there. However, in some instances as a matter of natural spoken language, the 'ki' isn't heard and stays silent. But if it is written, the 'ki' must be inserted.[38]

I want that pizza.
Incorrect: Kei te <u>hiahia</u> au <u>te</u> parehe rā.
Correct: Kei te <u>hiahia</u> au <u>ki te</u> parehe rā.

Mere was listening to the words of Tame's child.
Incorrect: I te <u>whakarongo</u> a Mere <u>te</u> kōrero a te tamaiti a Tame.
Correct: I te <u>whakarongo</u> a Mere <u>ki te</u> kōrero a te tamaiti a Tame.

Can you remember the meeting?
Incorrect: E <u>mahara</u> ana rānei koe <u>te</u> hui?
Correct: E <u>mahara</u> ana rānei koe <u>ki te</u> hui?

---

38 Rule: Experience verbs should use the 'ki' particle to introduce the object.

[wheako] i/[wheako] ki
Kua whakarongo koe i te waiata?

Pēnei i ngā kōrero kua oti kē i mua, ki te whakamahia ngā tūmahi wheako i te rerenga, ko te 'ki' te pūhono i waenganui i te tūmahi rā me te taunga. Ko ngā takahanga o tēnei ture ko ngā tūmahi wheako 'rongo' me te 'kite'. I tua atu i ēnei, whakamahia ko te 'ki', kaua ko te 'i'.

As mentioned previously, if an experience verb is used in a sentence, the correct particle to link the verb to the object is 'ki'. The exceptions to this rule are the experience verbs 'rongo' and 'kite'. Beyond these, you should use 'ki' as opposed to 'i'.[39]

Have you listened to the song?
Incorrect: Kua whakarongo rānei koe i te waiata?
Correct: Kua whakarongo rānei koe ki te waiata?

I usually think about her at night.
Incorrect: He rite tonu taku whakaaro i a ia i ngā pō.
Correct: He rite tonu taku whakaaro ki a ia i ngā pō.

Up until now, I haven't worried about my health.
Incorrect: Ā moroki noa nei, kāore au i māharahara i taku hauora.
Correct: Ā moroki noa nei, kāore au i māharahara ki taku hauora.

---

[39] Rule: Experience verbs (except for 'rongo' and 'kite') should use the 'ki' particle to introduce the object.

[whiti] ... e/[hāngū] ... e
Ka <u>hao</u> ētahi kaupapa <u>e</u> taku manawa.

He tauira tēnei nō te whenumitanga o ngā momo rerenga e rua, o te reremahi me te rerehāngū. Mehemea e whakamahia ana te 'e' hei tohu i te kaimahi i tētahi rerenga, me hāngū rawa te tūmahi. Kāore e tika ana kia noho kūmuri hāngū-kore te tūmahi i te rerenga e noho nei te 'e' hei tohu i te kaimahi.[40]

This is an example of when confusion arises between two sentence structures, namely the basic active sentence and the passive sentence. If the letter 'e' is used to denote the agent (or 'doer') in a sentence, the verb must carry the passive suffix.[41]

My heart was fixed on some initiatives.
Incorrect: Ka <u>hao</u> ētahi kaupapa <u>e</u> taku manawa.
Correct: Ka <u>haoa</u> ētahi kaupapa <u>e</u> taku manawa.

I have prepared a talk.
Incorrect: Kua <u>whakarite</u> tētahi kōrero <u>e</u> au.
Correct: Kua <u>whakaritea</u> tētahi kōrero <u>e</u> au.

I discarded some of the potatoes to the side.
Incorrect: I <u>ruke e</u> au ētahi rīwai ki rahaki.
Correct: I <u>rukea</u> e au ētahi rīwai ki rahaki.

---

40   Rule: In a passive sentence structure, the 'e' particle identifies the agent.
41   Except for passive sentences starting with 'Me' or 'He mea'.

[whiti] … ki/[whiti] … i
I tino <u>ako</u> au <u>ki</u> taku Māoritanga.

Ko ngā pū 'i' me te 'ki' ērā e tino whakararu tonu nei i a tātou, ka mutu, koinei tētahi o ngā horopaki e rangiwhāwhā katoa ana te whakaurua o te 'ki' ki tētahi wāhi kāore e tika ana kia pērā. I ēnei reremahi nei e noho nei te tūmahi whiti, ko te 'i' kē te pū hei tohu i te taunga.

The 'i' and 'ki' particles continue to trouble us on many occasions, and the error presented on this page is one of the more common contexts in which it occurs. In these types of simple verbal sentences that use transitive verbs, 'i' should instead be used to indicate the object.[42]

I really learned about my Māori culture.
Incorrect: I tino <u>ako</u> au <u>ki</u> taku Māoritanga.
Correct: I tino <u>ako</u> au <u>i</u> taku Māoritanga.

They followed the customs of the Māori people.
Incorrect: I <u>whai</u> rātou <u>ki</u> ngā tikanga a te Māori.
Correct: I <u>whai</u> rātou <u>i</u> ngā tikanga a te Māori.

I have heard what Mere has to say.
Incorrect: Kua <u>rongo</u> au <u>ki</u> ngā kōrero a Mere.
Correct: Kua <u>rongo</u> au <u>i</u> ngā kōrero a Mere.[43]

---

42   Rule: Transitive verbs should use the 'i' particle to introduce the object.
43   'Rongo' has been included to provide an example of an experience verb that also takes the 'i' particle. The only other experience verb that takes the 'i' particle is 'kite'.

[whiti] ... [te/ngā]/[whiti] ... i [te/ngā]
I <u>mahi au ngā</u> mahi pakipūmeka.

O ngā momo rerenga katoa ka whakapuakina i te reo Māori, ko tēnei nā, te reremahi, tētahi o ngā takotoranga e kaha katoa ana te whakamahia. Ko tētahi o ngā hapa ka puta i ōna wā, ko te korenga o te pūhono 'i' e whakaurua, ka mutu, ko tā te 'i' (me te 'ki' i ōna wā), he tohu i te taunga o te rerenga, he hono hoki i te taunga o te rerenga ki te mahi i mahia rā e te kaimahi. E tika ai te takoto o te rerenga, me whakauru rawa te 'i' mehemea he tūmahi whiti tāu e whakamahi nei.[44]

Of all the sentence types that are used in the Māori language, the verbal sentence is one of the most common. An error sometimes heard in the use of this sentence is the omission of the 'i' particle. The role of the 'i' particle (and sometimes 'ki') is both to identify the object of the sentence and to join the object of the sentence to the action that was undertaken by the subject (the 'doer'). For the sentence to be correct the 'i' particle must be inserted before the object of the sentence.[45]

I worked on documentaries.
Incorrect: I <u>mahi au ngā</u> mahi pakipūmeka.
Correct: I <u>mahi au i ngā</u> mahi pakipūmeka.

Mere threw the ball to Tame.
Incorrect: I whiu <u>a Mere te</u> pōro ki a Tame.
Correct: I whiu <u>a Mere i te</u> pōro ki a Tame.

---

44   Oftentimes kaumātua can be heard leaving out the 'i' as a matter of natural spoken language.
45   Rule: Transitive verbs should use the 'i' particle to introduce the object.

I have sent the letter to the Office of the Auditor-General.
Incorrect: Kua tuku <u>au te</u> reta ki Te Mana Arotake.
Correct: Kua tuku <u>au i te</u> reta ki Te Mana Arotake.

[whiti] mai .../[hāngū] mai ...
Kōrero mai tō kaupapa.

Arā ngā huarahi huhua e taea ai te tohutohu te whakapuaki. Ko tētahi huarahi, ko te tīmata kau noa i te rerenga ki te tūmahi. Heoi, e noho ai tētahi tūmahi ki te upoko o tētahi rerenga hei tohutohu, me hāngū rawa te tūmahi rā.

There are many ways to give instructions in the Māori language. One of those ways is to start a sentence with a verb. If this is to be the case, that verb must carry a passive suffix if the instruction refers to an object, as presented below.[46]

Share your topic.
Incorrect: *Kōrero mai* tō kaupapa.
Correct: *Kōrerohia mai* tō kaupapa.

Send me an email with those clarifications.
Incorrect: *Tuku mai* he īmēra ki a au me ērā whakamahuki.
Correct: *Tukuna mai* he īmēra ki a au me ērā whakamahuki.

Explain the benefits of your toiling.
Incorrect: *Whakamārama mai* te hua o āu whakahekenga werawera.
Correct: *Whakamāramahia mai* te hua o āu whakahekenga werawera.

---

46 Rule: When giving instruction, if no verbal particle is used, the verb must carry the passive suffix.

3
Ngā hapa ā-whakaaro

Ki konei tātou tahuri ai ki te wānanga i ētahi anō hapa e kīia nei he hapa ā-whakaaro. I ahu mai ēnei hapa i te reo Pākehā, i te whakaaro Pākehā, heoi anō tā te Māori i mahi he whakamāori i ērā kōrero, i ērā whakaaro rā. Me kī pea, ko te reo Māori tēnei e kākahuria ana e te whakaaro Pākehā. Ko te whakaaro he Pākehā, ko te tirohanga he Pākehā, ko te takotoranga he Pākehā, engari ko te reo Māori, ko ngā kupu Māori tōna kaikawe. He nui ngā rerenga o ia rā e pēnei ana te takoto, arā, e whai ana i ngā takotoranga Pākehā. He uaua te papare i tēnei ki rahaki i te kaha kōrerohia o te reo Pākehā e te Māori i tēnā pito, i tēnā pito o te motu. Kāore e kapi i te pukapuka kotahi ērā hapa rā, ā, i roto i te wā ka hua anō he hapa e hāngai ana ki te rerekē o te tipu o te reo Pākehā. Heoi, kua whakamoanatia ki ēnei whārangi ētahi hapa e rangiwhāwhā ana te puta i a tātou, i te iwi kōrero Māori.

3
Errors of influence

We now turn to explore errors arising out of English influence. These errors originate from the English language and its associated Western ways of thinking, where Māori speakers have taken those thoughts and translated them. We could probably say that the thinking is English, the world view is English, the structure is English, but the language of communication is Māori. There are several everyday structures that resemble this and follow an English structure. It's difficult to avoid this because English is widely spoken across the country, including by speakers of the Māori language. One book cannot cover all of these errors, and in time further errors will develop due to the ever-changing nature of both languages. However, we have gathered in these pages some common errors uttered by Māori speakers.

aroha mai/aroha atu
Aroha mai ki a koutou.

He rite tonu te rangona, te kitea hoki o tēnei hapa nō te tangata e tuku aroha ana ki tētahi atu. Ki te hiahia koe ki te tuku i ētahi whakaaro ki te tangata, ko te 'atu' kē te pūmuri e tika ana. Ki te whakamahia te 'mai', e ahu kē ana te aroha ki a koe, ki te kaikōrero.

This error is commonly heard and seen when someone is sending their love to someone else. If you want to send your thoughts to someone, the 'atu' particle is the correct one. If you use 'mai', that love is being directed to yourself as the speaker.

Sending my love to you all.
Incorrect: Aroha mai ki a koutou.
Correct: E aroha atu ana ki a koutou.

I'm so sorry to hear.
Incorrect: Auē. Aroha mai.
Correct: Auē. E aroha atu ana.

Sending my love to your mother.
Incorrect: Aroha mai ki tō whaea.
Correct: Ka aroha atu ki tō whaea.

haere/hapa, kā
Kāore taku rorohiko i te <u>haere</u>.

Whiua ai te 'haere', te 'mahi' rānei hei kupu Māori mō te 'working' i roto i te ao hangarau, ka mutu, he whakaawenga tēnei nō te ao Pākehā. Arā kē noa atu ngā kōwhiringa e pai ana hei whakaatu i tēnei āhuatanga o te whai hua tonu o tētahi momo hangarau, ā, kei ngā tauira o raro iho nei ētahi o ērā kōwhiringa e whakatauiratia mai ana.

Over time, 'haere' and 'mahi' have become more common ways of stating that a digital device is 'working'. This error has arisen as a result of English influence. There are many other ways to express this idea, some of which are shown below.

It's not working.
Incorrect: Kāore i te <u>mahi</u>.
Correct: Kāore i te <u>whai hua</u>.

My computer isn't working.
Incorrect: Kāore taku rorohiko i te <u>haere</u>.
Correct: Kua <u>hapa</u> taku rorohiko.

Is your phone working (turned on)?
Incorrect: Kei te <u>mahi</u> tō waea?
Correct: Kei te <u>kā</u> tō waea?

haere mai au/haere atu au
Ka haere mai au i tō taha.

Ko tā te pūmuri 'mai', he tohu i te ahunga ki te tangata ko ia 'kei te pū o te kōrero' (*He Iti Kahurangi*, 2015), ka mutu, i te nuinga o ngā horopaki, ko te kaikōrero tonu tērā. E pēnei tonu nei i ngā horopaki e takoto mai ana i tēnei whārangi. Nā te mea, i te nuinga atu o ngā horopaki, e ahu atu ana te aronga o te 'haere' i te kaikōrero, ko te 'atu' kē te pūmuri hei whakamahi māna.

The most common usage of the 'mai' particle is to indicate the direction towards the person who is 'central to the utterance' (*He Iti Kahurangi*, 2015). In most contexts this person is the speaker, which is the case in the contexts presented on this page. As 'haere' (going) is in most cases focused away from the speaker, the particle 'atu' should instead be used.

I will go with you.
Incorrect: Ka haere mai au i tō taha.
Correct: Ka haere atu au i tō taha.

I am going from here to Wellington.
Incorrect: E haere mai ana au i konei ki Pōneke.
Correct: E haere atu ana au i konei ki Pōneke.

Hera is on the way to the airport with Tame.
Incorrect: Kei te haere mai a Hera i te taha o Tame ki te taunga wakarererangi.
Correct: Kei te haere atu a Hera i te taha o Tame ki te taunga wakarererangi.

he ... koe/he ... (t)āu
He pene koe?

He maha tonu ngā wā e rangona ana te momo pātai pēnei i te 'He ... koe?' hei ui i te pīrangi rānei o tētahi tangata ki tētahi mea. Hei tauira, 'He kurī koe?' ('Are you a dog?'). Ko te whakatakotoranga tika mō tēnei momo pātai, ko te, 'He ... (t)āu', arā, 'He kurī tāu?' ('Do you have a dog?').

Often you will hear learners of Māori using 'He ... koe?' to ask whether someone possesses something, but 'He ... koe?' really asks whether someone is something. For example, 'He kurī koe?' can be translated to mean 'Are you a dog?' The correct way of asking whether someone possesses something is 'He ... (t)āu'; for example, 'He kurī tāu?' ('Do you have a dog?').

Do you have a pen?
Incorrect: He pene koe?
Correct: He pene tāu?

Do you have any pets?
Incorrect: He mōkai koe?
Correct: He mōkai āu?

Do you have a house?
Incorrect: He whare koe?
Correct: He whare tōu?

he aha … mō?/hei aha …?
He aha tēnei mō?

I ētahi wā, ka whāia e te kaikōrero te ara o te reo Pākehā hei whakatakoto i āna kupu i roto i te reo Māori, ā, ka noho ko tēnei hei whakatauira i tēnei āhuatanga. Mēnā e pātai ana tētahi mō te pūtakenga mai o tētahi mea (h.t. 'What is this for?'), ko te 'Hei aha …?' tētahi takotoranga hei whai. Mā tēnei e Māori ake ai te whakaaro o te kōrero, ā, kua kore koe e mate ki te whai i te takotoranga Pākehā.

Sometimes speakers will use an English-language convention or structure to describe or ask questions within the Māori language; this error is an example of this. When asking someone what something is for, 'Hei aha …?' is correct.[1] This ensures that it is said in a Māori way as opposed to following an English grammatical structure.

What is this for?
Incorrect: He aha tēnei mō?
Correct: Hei aha tēnei?

What is the fence for?
Incorrect: He aha te taiepa mō?
Correct: Hei aha te taiepa?

What is that box over there for?
Incorrect: He aha terā pouaka i korā mō?
Correct: Hei aha terā pouaka i korā?

---

1   'Hei aha' can be used in other ways as well, this is just one use of that clause.

he aha/e hia
He aha ō tau?

Ehara i te mea e hē ana te takoto o ētahi o ēnei rerenga, heoi, he rerekē te aronga. Ki te rere te pātai, 'He aha ...', he tūingoa te aronga (h.t. 'He aha te utu?' 'He tangata te utu'). Heoi, ki te rere te pātai, 'E hia ...?', ko te tau kē te aronga (h.t. 'E hia te utu?' 'E rima tāra te utu').

This error is given not as an example of incorrect language, but rather of receiving an unexpected response because of the way the speaker asked. When asking 'He aha ...?', we expect a response with a noun (e.g. 'He aha te utu?' 'He tangata te utu' [a person is the cost]). But when wanting to know a number (e.g. dollars), the question structure that should be used is 'E hia ...?'

How old are you?
Incorrect: He aha ō tau?
Correct: E hia ō tau?

What is the cost?
Incorrect: He aha te utu?
Correct: E hia te utu?

How many people were there?
Incorrect: He aha te nui o ngā tāngata?
Correct: E hia/Tokohia ngā tāngata?

he aha/kei te
He aha tō mahi?

Ehara i te mea e hapa ana te wetereo o te rerenga 'He aha tō mahi?', heoi anō, ki te whakamahia te 'He aha …?', e tohu ana koe i te pūmau o tērā mahi, he umanga rānei tērā nōu. Ki te hiahia koe ki te tono, ki te pātai rānei i te mahi a tētahi tangata i tērā wā tonu, ko te 'kei te' kē te huarahi e tika ake ana.

The sentence 'He aha tō mahi?' isn't grammatically incorrect per se; however, if 'He aha …?' is used, it signals the permanence of a verb, or that you may be asking about someone's career. If you want to ask someone about what they are doing at that moment, the use of 'kei te' is the more appropriate way.

What are you doing?
Incorrect: He aha tō mahi?
Correct: Kei te aha koe?

What are you wanting?
Incorrect: He aha tō pīrangi?
Correct: Kei te pīrangi koe ki te aha?

What are Tame's desires?
Incorrect: He aha ngā wawata o Tame?
Correct: Kei te wawata a Tame ki te aha?

he aha/ko wai
He aha tō ingoa?

Ahakoa e kaha ana tā tātou whakamahi i te 'He aha ...?' hei ui i ngā momo pātai e tīmata ana ki te 'What ...?' i te reo Pākehā, ka pātai ana tātou mō te ingoa o tētahi tangata, kāore e tika ana tēnei momo whakamahinga. Arā, me whakamahi kē te 'Ko wai ...?'

Despite our frequent use of 'He aha ...?' to start 'What ...?' questions, when asking for people's names we must use 'Ko wai ...?' instead.[2]

What is your name?
Incorrect: He aha tō ingoa?
Correct: Ko wai tō ingoa?

What is your father's name?
Incorrect: He aha te ingoa o tō pāpā?
Correct: Ko wai te ingoa o tō pāpā?

What is your relative's name?
Incorrect: He aha te ingoa o tō karawa?
Correct: Ko wai te ingoa o tō karawa?

---

2   Rule: To ask someone's name, 'Ko wai ...?' should be used and not 'He aha ...?'

hoatu/mā(na), ki a (ia)
Hoatu he huri ki a ia ināianei.

He pērā i te kupu 'homai', e mōhio whānuitia ana te kupu 'hoatu', heoi, he kupu e pai ana te whakamahi mēnā he ōkiko noa iho taua mea e kōrero nā koe (h.t. 'Hoatu te pōro' ['Give the ball']). Mēnā kāore taua mea e kōrero nā koe e whaikiko ana, ka mate koe ki te whakamahi i tētahi atu kupu, pēnei i te 'māna ...' (h.t. 'Māna pea ināianei' ['Give them a turn now']).

Just like 'homai', the word 'hoatu' is well known and is often used to mean 'give' (away from the speaker), but it can be used only for things that are physically given or passed on. For example, 'hoatu' is fine to use in the context of passing a ball; however, in the context where the thing being given or passed is not physical, the word 'hoatu' is not applicable and another way must be found. For example, when asking for someone else to have a turn, 'Māna pea ināianei' can be used.[3]

Give them a turn now.
Incorrect: Hoatu he huri ki a ia ināianei.
Correct: Māna pea ināianei.

Give Tame a go at cooking dinner.
Incorrect: Hoatu he huri ki a Tame hei tunu i te kai.
Correct: Mā Tame pea hei tunu te kai.

You must give mouth-to-mouth.
Incorrect: Me hoatu koe i te waha ki te waha.
Correct: Me pā tō waha ki tō tērā tangata.

---

[3] Rule: 'Hoatu' should only be used when referring to physical objects.

homai/māku, ki a au
Homai he huri ki a au ināianei.

Kua whānui kē tā te kaikōrero whakamahi i te 'homai' hei whakamāori i te 'give', heoi, ka whai hua anake tēnei kōrero ina ōkiko ngā rawa e kōrerotia ana. Hei tauira, kei te pai te 'homai' hei tohu i te whiua o tētahi pōro, heoi, ki te hiahia koe ki tētahi mea kāore e ōkiko ana, me whiriwhiri tētahi anō kupu. Ko te 'Mā(ku) ...', ko te 'Ki a (au) ...' kē pea ētahi whiriwhiringa e tika ana.

Many people know and use 'homai' to mean 'give' (to the speaker), but it works only for things that are physical. For example, you can use 'homai' for passing a ball, but if you want something that is not physical you need another word. To ask for a turn, you can say 'Māku pea ināianei'.[4]

Give me a turn now.
Incorrect: *Homai he huri ināianei.*
Correct: *Ki a au ināianei.*

Give me a go at driving the bus.
Incorrect: *Homai he huri hei taraiwa i te pahi.*
Correct: *Māku pea te pahi hei taraiwa.*

Give me a turn with the TV.
Incorrect: *Homai he huri me te pouaka whakaata.*
Correct: *Māku pea te pouaka whakaata hei mātakitaki ināianei.*

---

[4] Rule: 'Homai' should only be used when referring to physical objects.

homai/... mai
Homai te pakipaki.

Ko te tikanga o te kupu 'homai', ko te tuku, ko te whakawhiti rānei i tētahi mea ki te kaikōrero, ki tētahi rānei e pātata ana ki te kaikōrero (*He Pātaka Kupu*, 2008). I tōna tikanga, he ōkiko te mea e 'homai' ana (e 'hoatu' ana rānei). Nō reira, kāore e tika ana kia noho ngā mea kāore e ōkiko ana (h.t. te pakipaki, ngā whakaaro) hei taunga mō te homai. Me whakaaro tētahi huarahi kē atu hei whakaatu i te whakaaro nei.

The meaning of 'homai' is to give or to transfer something to the speaker, or to someone who is near the speaker (*He Pātaka Kupu*, 2008). Supposedly, the thing that is being 'given' or 'transferred' is a physical possession. Therefore, it is incorrect for non-physical things to be the object of the word 'homai' (or 'hoatu' for that instance). Other avenues should be pursued to show this idea (as shown below).[5]

Give a round of applause.
Incorrect: Homai te pakipaki.
Correct: Kia pakipaki mai.

Please, share your thoughts with the group.
Incorrect: Tēnā, homai ō whakaaro ki te rōpū.
Correct: Tēnā, tukuna mai ō whakaaro ki te rōpū.

Give me a high five!
Incorrect: Homai te rima!
Correct: Kia rima mai!

---

5   Rule: 'Homai' should only be used when referring to physical objects.

kei hea … e haere ana/e haere ana … ki hea
Kei hea ia e haere ana?

I te reo Pākehā, he rite tonu tā tātou whakamahi i te kupu 'Where …?' hei kupu tuatahi mō te rerenga (h.t. 'Where is Mere going?'). He rerekē te reo Māori, ā, i te nuinga o te wā, ka noho tēnei whakaaro ki muri o te rerenga (h.t. 'E haere ana a Mere ki hea?'). Nō reira, ka hua mai tēnei hapa ā-whakaaro he whakaaweawetia nō reo kē. Ka whāia te takotoranga Pākehā e ngā tauira e ako ana i te reo Māori hei reo tuarua, heoi, kāore tēnei takotoranga i te whai i tētahi momo rerenga kōrero e tika ana.

In English we often use 'Where …?' to start a sentence (e.g. 'Where is Mere going?'), whereas with Māori sentences the equivalent often sits at the end (e.g. 'E haere ana a Mere ki hea?'). This error arises as a result of language interference and fails to follow an appropriate or acceptable Māori sentence pattern.

Where are they going?
Incorrect: Kei hea ia e haere ana?
Correct: E haere ana ia ki hea?

Where are Mere and Tame going?
Incorrect: Kei hea a Mere rāua ko Tame e haere ana?
Correct: E haere ana a Mere rāua ko Tame ki hea?

Where is that eavesdropper off to?
Incorrect: Kei hea tērā Tangaroa piri whare e haere ana?
Correct: E haere ana tērā Tangaroa piri whare ki hea?

kei te [whiti] ... mō/kei te [whiti] ... i
Kei te kimi au mō te tiaka wai.

Ko te pū e tika ana hei tohu i te taunga (h.t. tiaka wai) i ngā momo reremahi nei, ko te 'i', ā, kāore e tika ana kia noho mai te 'mō' hei tohu i te taunga o tētahi mahi. I konei, kua whakamahia te 'mō' hei whakamāori i te kupu 'for' (h.t. 'I am looking for ...'). Nā, ahakoa pēhea, ko te 'i' tonu te pū hei hoa haere mō te tūmahi whiti.

To indicate an object (e.g. jug of water) in verbal sentences such as these that take a transitive verb, the correct usage is the 'i' particle. In this case, it is incorrect for the 'mō' particle to be used. In the example provided above, 'mō' is used as a direct translation of the English word 'for' (e.g. 'I am looking for ...'); 'i' should instead be the particle used in these contexts.[6]

I am looking for a jug of water.
Incorrect: *Kei te kimi au mō te tiaka wai.*
Correct: *Kei te kimi au i te tiaka wai.*

Mere is looking for her sock.
Incorrect: *Kei te kimi a Mere mō tana tōkena.*
Correct: *Kei te kimi a Mere i tana tōkena.*

They are looking for their child.
Incorrect: *Kei te kimi rāua mō tā rāua tamaiti.*
Correct: *Kei te kimi rāua i tā rāua tamaiti.*

---

6   Rule: Transitive verbs use the 'i' particle to introduce the object.

kei te pīrangi koe he …/he … [māu/mōu]
Kei te pīrangi koe he kapu tī?

I ōna wā, ka whakamāori ā-kupu noa te ākonga i te rerenga Pākehā e mea ana, 'Do you want a … ?', ā, ko te 'Kei te pīrangi koe he … ?' te otinga atu. Ko te huarahi kē ia e tika ana, ko te 'He … māu/mōu?'

At times, learners of the language will say a literal translation of 'Do you want a …?', and 'Kei te pīrangi koe he …?' is often the result. The correct way to ask this in Māori is 'He … māu/mōu?'[7]

Do you want a cup of tea?
Incorrect: Kei te pīrangi koe he kapu tī?
Correct: He kapu tī māu?

Do you want ice cream?
Incorrect: Kei te pīrangi koe he aihikirīmi?
Correct: He aihikirīmi māu?

Do you want a mare or a gelding horse?
Incorrect: Kei te pīrangi koe he hōiho uwha, he hōiho poka rānei?
Correct: He hōiho uwha, he hōiho poka rānei mōu?

---

7   The use of 'māu' or 'mōu' is dependent on the a/o categories.

kōrero ki runga/whāki, whakaatu
Ka kōrero au ki runga i a koe.

Koinei tētahi o ngā kōrero e puta mai ana i ngā māngai o ētahi o ā tātou tamariki i roto i ngā kura, ka mutu, ko taua whakaaro tonu tērā o te ao Pākehā — 'I'm going to tell on you' — e kawea ana i te kōrero nei. Arā kē noa atu ngā huarahi hei whakapuaki i tēnei whakaaro, ā, kei raro iho nei ētahi o ērā huarahi e whakatauiratia mai ana.

This is another saying that is being heard more and more often, particularly from children in schools, meaning 'I'm going to tell on you.' There are many other ways to convey this idea in the Māori language, some of which are presented below.

I'm going to tell on you.
Incorrect: Ka kōrero au ki runga i a koe.
Correct: Ka whāki au i tō hara.

I told on your brother (of a female).
Incorrect: I kōrero au ki runga i tō tungāne.
Correct: I whakaaturia ngā mahi a tō tungāne.

Mere is telling on Tame.
Incorrect: Kei te kōrero a Mere ki runga i a Tame.
Correct: Kei te whāki a Mere i ngā mahi a Tame.

mā te/[tūingoa]
Kua piki te tokomaha o ngā kaikōrero <u>mā te</u> 15 ōrau.

Ko te huarahi e kaha katoa ana te whāia hei whakaatu i te pikitanga ake, i te hekenga iho rānei o tētahi nama, o tētahi wāriu, o tētahi uara rānei, ko tērā o te 'kua piki/heke mā te ...'. E pēnei ana te karawhiu nā runga i te pōhēhē nui ki tā te 'mā te' whakaatu i te 'by'. Ko te huarahi kē ia hei whai, ko te tō i te nama, i te wāriu, i te aha kē rānei ki te upoko o te rerenga, mā reira e pai ai te takoto o te rerenga (h.t. 'Kua 15 ōrau te pikitanga ake ...').

The most common way of showing an 'increase by' or 'decrease by' of a number or a value is that of 'kua piki/heke mā te ...'. This is often the case as speakers assume that the use of 'mā te' conveys the 'by' idea. The more correct way of showing this idea is to state the number or the value at the start of the sentence (e.g. 'Kua 15 ōrau te pikitanga ake ...').

The number of speakers has increased by 15%.
Incorrect: Kua piki te tokomaha o ngā kaikōrero <u>mā te</u> 15 ōrau.
Correct: Kua 15 ōrau <u>te pikitanga ake</u> o te tokomaha o ngā kaikōrero.

The rugby team won by three points.
Incorrect: I toa te kapa whutupōro <u>mā te</u> toru piro.
Correct: I toru piro <u>te toanga ake</u> o te kapa whutupōro.

The All Blacks lost by seven points.
Incorrect: I hinga te kapa Ōpango <u>mā te</u> whitu piro.
Correct: I whitu piro <u>te hinganga iho</u> o te kapa Ōpango.

mō te aha/hei aha
Mō te aha tēnei?

I te reo Pākehā, ka hiahia ana tātou ki te mōhio ki te take, ki te hua rānei o te whakamahi i tētahi taputapu, i tētahi mea kē rānei, ko te 'What is that ... for?' te pātai mātāmua ka uia. Ko tēnei whakamahinga tonu tērā ka whakaawe i te tukuna o tērā whakaaro i te reo Māori, ā, ko te 'Mō te aha ...?' te otinga atu. E tika ai te pātaihia o te pātai nei, ko te 'Hei aha ...?' kē tētahi huarahi hei whakaaro mā te kaikōrero.

In English, when we want to know what something is used for, the question that is generally or most often asked is 'What is that ... for?' It is this usage that continues to influence how this question is asked in the Māori language, and 'Mō te aha ...?' is generally the resulting question. A more correct way of conveying this idea, or asking what the purpose of something is, is to use 'Hei aha ...?'

What is this for?
Incorrect: Mō te aha tēnei?
Correct: Hei aha tēnei?

What is that chisel that you used for?
Incorrect: Mō te aha tērā toki i whakamahia rā e koe?
Correct: Hei aha tērā toki i whakamahia rā e koe?

What is that Harry Potter broom for?
Incorrect: Mō te aha tērā puruma Hare Pota?
Correct: Hei aha tērā puruma Hare Pota?

mutu au/mutu [taunga]
Kua <u>mutu au</u>.

He pērā i te nuinga o ngā hapa i tēnei wāhanga o te pukapuka, he whakamāori ā-kupu noa tēnei e rere ana. Ko tā te kaikōrero e whakapuaki nei, e tāpae nei, ka whakamahi ana ia i te 'Kua mutu au', ko ia rā anō tērā kua whakamutua. Hei whakatika i tēnei hapa, me āpiti he taunga hei whakakapi i te wāhi ki a ia anō, me kuhu rānei te pū 'i' hei whakaū i tana kore i noho hei taunga (h.t. 'Kua mutu i a au ...').

As with the other errors in this section, a direct translation of the English sentence is being followed when the speaker says 'Kua mutu au', to mean 'I have finished.' What the speaker is actually saying is 'I am no longer.' To correct this, a speaker may use the object in place of themselves, or use the particle 'i' to indicate that they are indeed the subject (or the 'doer').[8]

I have finished [my work].
Incorrect: Kua <u>mutu au</u>.
Correct: Kua <u>mutu i a au</u> [aku mahi].

I have almost finished.
Incorrect: Tata au kua mutu.
Correct: Kua tata <u>mutu i a au</u>.

Have you finished eating your food?
Incorrect: Kua <u>mutu koe</u> i ō kai?
Correct: Kua <u>pau i a koe</u> ō kai?

---

8   Rule: The 'i' particle following a stative introduces the agent, not the subject.

[nama] tangohia [nama]/tangohia te [nama] i te [nama]
Waru tangohia toru.

Karawhiua ai tēnei kōrero i roto i ngā akomanga huri noa i te motu, ka mutu, he hua tēnei nō te whakaawenga mai o te reo Pākehā. Ka tohutohu ana te kaiako i te whārite pāngarau e mea ana, 'eight minus three', ā, ko te 'waru tangohia toru' te otinga atu. Ko tētahi rerenga kē atu, e Māori ake ai te takoto o te reo, ko te tohutohu i tēnei whārite mā te rerehāngū, arā, kia 'tangohia' te aha i te aha.

This incorrect way of stating a mathematical instruction is heard throughout our classrooms across Aotearoa, and is a direct result of language interference. Teachers may read or instruct mathematical equations such as 'eight minus three', and 'waru tangohia toru' is often the result (literally, 'eight minus three'). An alternative way of stating these types of equations is to use a passive structure.

8 – 3
Incorrect: Waru tangohia toru.
Correct: Tangohia te toru i te waru.[9]

57 – 13
Incorrect: Rima tekau mā whitu tangohia tekau mā toru.
Correct: Tangohia te tekau mā toru i te rima tekau mā whitu.

432 – 281
Incorrect: Whā rau toru tekau mā rua tangohia rua rau waru tekau mā tahi.
Correct: Tangohia te rua rau, e waru tekau mā tahi, i te whā rau, e toru tekau mā rua.

---

[9] It is acknowledged that there are other ways in which these equations can be stated correctly in Māori (e.g. 'E waru, tangohia te toru'). The option presented on this page is just one example.

[nama] tāpiri [nama]/tāpirihia te [nama] ki te [nama]
Whitu tāpiri waru.

Pēnei i ngā whakamārama kei te whārangi o mua tata nei, ko taua āhua tonu o te reo Pākehā terā e whakaaweawe ana i te takotoranga reo Māori i konei. Me whai kē tātou i te tohutohu hāngū hei tuku i te whārite pāngarau nei ki ā tātou ākonga.

Much like the explanations on the previous page, it's the same case here of the English language influencing the structure of the Māori language. We should follow the use of passive instructions if we give mathematical equations like this.

7 + 8
Incorrect: Whitu tāpiri waru.
Correct: Tāpirihia te waru ki te whitu.[10]

34 + 81
Incorrect: Toru tekau mā whā tāpiri waru tekau mā tahi.
Correct: Tāpirihia te waru tekau mā tahi ki te toru tekau mā whā.

127 + 831
Incorrect: Kotahi rau rua tekau mā whitu tāpiri waru rau toru tekau mā tahi.
Correct: Tāpirihia te waru rau, e toru tekau mā tahi ki te kotahi rau, e rua tekau mā whitu.

---

10 It is acknowledged that there are other ways in which these equations can be stated correctly in Māori (e.g. 'E whitu, tāpirihia te waru'). The example presented on this page is just one of the options.

[nama] whakarea [nama]/whakareatia te [nama] ki te [nama]
Rima <u>whakarea</u> rua.

He ōrite te āhua o tēnei hapa ki tērā o mua tata nei. E whai ana tēnei whakamāoritanga i te takoto o te reo Pākehā e kī ana, 'five times two'. Ko te whakatakoranga kē e tika ana i te reo Māori, ko te 'Whakareatia te rima ki te rua'.

This is similar to the error that has just been explored. This translation follows the English pattern of 'five times two'. The correct pattern in Māori is 'Whakareatia te rima ki te rua'.

5 x 2
Incorrect: Rima <u>whakarea</u> rua.
Correct: <u>Whakareatia</u> te rima ki te rua.[11]

17 x 23
Incorrect: Tekau mā whitu <u>whakarea</u> rua tekau mā toru.
Correct: <u>Whakareatia</u> te tekau mā whitu ki te rua tekau mā toru.

311 x 726
Incorrect: Toru rau tekau mā tahi <u>whakarea</u> whitu rau rua tekau mā ono.
Correct: <u>Whakareatia</u> te toru rau, tekau mā tahi, ki te whitu rau, e rua tekau mā ono.

---

11   It is acknowledged that there are other ways in which these equations can be stated correctly in Māori (e.g. 'E rima, whakareatia ki te rua'). The example presented on this page is just one of the options.

[nama] whakawehe [nama]/whakawehea te [nama] ki te [nama]
Iwa whakawehe toru.

Kei te auau noa iho pea māua i konei. Ko taua hapa tonu rā, pēnei i ērā kei ngā whārangi o mua tata nei. Whāia te huarahi o te hāngū, ka mutu, me whakamahi te 'ki te' i ngā horopaki whakawehe.

We're probably just repeating ourselves now. This is the same as the errors presented on the previous pages. Follow the passive structure, and furthermore, use 'ki te' when referring to division.

9 ÷ 3
Incorrect: Iwa whakawehe toru.
Correct: Whakawehea te iwa ki te toru.[12]

21 ÷ 7
Incorrect: Rua tekau mā tahi whakawehe whitu.
Correct: Whakawehea te rua tekau mā tahi ki te whitu.

324 ÷ 108
Incorrect: Toru rau rua tekau mā whā whakawehe kotahi rau mā waru.
Correct: Whakawehea te toru rau, e rua tekau mā whā, ki te kotahi rau mā waru.

---

12 It is acknowledged that there are other ways in which these equations can be stated correctly in Māori (e.g. 'E iwa, whakawehea ki te toru'). The example presented on this page is just one of the options.

purua/kuhuna
Purua ō hū ki runga.

Ko taua raru tonu tēnei i konei, ko te whakaaro Pākehā tērā e kākahuria ana e te reo Māori. E whāia kau noatia ana te takotoranga Pākehā, 'Put your shoes on.' Arā kē noa atu ngā huarahi hei whakapuaki i tēnei whakaaro, heoi, ko tētahi huarahi e whakamahia whānuitia ana ko te 'kuhuna', arā, 'Kuhuna ō hū.'

This error is also one that highlights a Pākehā thought or structure being conveyed in Māori. In this case, the English sentence that is being directly followed is 'Put your shoes on.' There are many other ways to convey this instruction, but one that is commonly used is 'Kuhuna ō hū.'

Put your shoes on.
Incorrect: *Purua* ō hū *ki runga.*
Correct: *Kuhuna* ō hū.

Put your glasses on.
Incorrect: *Purua* ō mōwhiti *ki runga.*
Correct: *Kuhuna* ō mōwhiti.

Put your socks on.
Incorrect: *Purua* ō tōkena *ki runga.*
Correct: *Kuhuna* ō tōkena.

tō huri/māu
Tō huri ināianei.

I ngā horopaki ōpaki, ka rangona te tauira (me te kaiako hoki i ōna wā) e whakamahi ana i te 'tō huri' hei whakamōhio atu i te kaiwhakarongo kei a rātou te wā, kei a rātou te aha kē rānei. He hua tēnei nō te whakamāori ā-kupu i te rerenga Pākehā ('tō' ['your'], 'huri' ['turn']). Ko te huarahi e tika ake ai te whakaatu i tēnei whakaaro, ko te whakamahi i te 'Māu', arā, 'Māu ināianei'.

In informal conversation, we often hear students (and sometimes teachers) saying 'tō huri' to mean 'your turn'. This comes as a direct result of transferring the thinking from English to Māori ('tō' ['your'], 'huri' ['turn']). A more correct way of saying this in Māori is to use 'Māu' (e.g. 'Māu ināianei').

It is your turn now.
Incorrect: Tō huri ināianei.
Correct: Māu ināianei.

Whose turn is it now?
Incorrect: Tō wai huri ināianei?
Correct: Mā wai ināianei?

It's Mere's turn now.
Incorrect: Ko te huri o Mere ināianei.
Correct: Mā Mere ināianei.

4
Ngā hapa pūmuri

Ko ngā pū itiiti noa nei ēnei kua roa e pāiriiri ana i te ngākau o te hunga kōrero Māori, mātāmua ko ērā kātahi tonu ka tahuri mai ki te ako i tō tātou reo. Heoi, ki te hunga kua tangata whenua te reo, ko ngā pū nei te whakaniko e rere noa ai a Kupu, e areare atu ai a Taringa. Ka mutu, ko tētahi nuinga o ngā hapa ka puta i te reo Māori, ka hua mai i te whakamahia hētia o ēnei pū nei. I tōna atinga, whiua noatia ai e māua ngā pūmuri nei hei āpitihanga ki te wāhanga wetereo, ā, taro kau iho, kua whakawehea ki tōna ake wāhanga, ki tōna ake mana, i te autaia rawa o ngā hapa nei. Nā te moroiti pea o ēnei hapa, ka māmā noa iho te hinga a te tangata, he kore hoki pea nō te taringa e rongo ai i a ia. Heoi anō, e tika ana kia wānangahia ēnei pūmuri i konei mō te hunga e hiakai ana ki te whakaniko, ki te whakapakari hoki i ō rātou reo.

4
Errors in the postposed particle

The particles covered here have long troubled Māori speakers, not to mention those who have just started on their Māori language journey. For those who are adept, these particles are the embellishments of the language, ensuring it is being transmitted in a Māori way. Despite this, many if not most of the errors heard in the Māori language arise through the incorrect use of these smaller particles. When we were planning this book, we intended to include these postposed particles in the section focused on grammatical errors, but due to their volume and inherently complicated nature, it wasn't long before they became their own section. Given the nature of these errors, they can be easy for both speakers and listeners to miss. But it is only right to discuss them here in the hope that it will be of benefit to those wishing to embellish and strengthen their language.

ai tonu/tonu ai

E haere <u>ai tonu</u> koe, me whakatutuki āu mahi.

Ko tētahi o ngā āhuatanga o te reo e kaha kitea nei te putanga mai o ngā hapa, ko te takoto o ngā pūmuri e noho karapipiti ana. Mātāmua rā i roto i tērā āhuatanga ko ngā raruraru e pā ana ki te whakauru i te 'ai', ka mutu, ki hea whakaurua ai te 'ai', mēnā he 'ai' rānei hei whakauru ki tō rerenga. Ko tētahi āhuatanga o tō tātou reo e pūmau ana, ko te nohonga mai o ngā pūmuri tohu ki mua i te 'ai'. Ahakoa ki hea whakamahia ai te 'ai', ko ngā pūmuri tohu ('mā', 'kau', 'kē', 'noa', 'rawa', 'tonu', 'ia') me noho mātāmua mai.

One error-prone aspect of our language is the ordering of the postposed particles — in particular the use of 'ai', and where 'ai' needs to be inserted within a sentence. One aspect of the Māori language that remains constant is the use of manner particles before the postposed particle 'ai'. Regardless of where the 'ai' is used, the manner particles ('mā', 'kau', 'kē', 'noa', 'rawa', 'tonu', 'ia') must sit first, and in the order shown.[1]

In order for you to still go, you must ...
Incorrect: E haere <u>ai tonu</u> koe, me ...
Correct: E haere <u>tonu ai</u> koe, me ...

So that we stick with the topic, we must ...
Incorrect: E ū <u>ai tonu</u> tātou ki te kaupapa, me ...
Correct: E ū <u>tonu ai</u> tātou ki te kaupapa, me ...

By which route are you still coming?
Incorrect: Mā hea <u>ai tonu mai</u> koe?
Correct: Mā hea <u>tonu mai ai</u> koe?

---

1   Rule: Manner particles always sit before 'ai' in the postposed form.

anō hoki …/… anō hoki
He uri tēnei nō Ngāi Tahu, <u>anō hoki</u> nō Ngāi Tūhoe.

He rite tonu te karawhiua o tēnei hapa i ngā rerenga e whai nei te kaikōrero ki te whakarārangi, ki te pūrua rānei i ētahi kōrero (h.t. ngā iwi o te tangata). He pūmuri te 'anō' me te 'hoki', ehara i te kīhono, no reira me noho kē te 'anō hoki' ki muri i te momo 'tū' hei whakakapi i tā te kaikōrero e whakarārangi mai ana.

This is an error commonly heard when someone is using a list, or is stating multiple objects/things of similar form in the same sentence (e.g. the tribes of an individual). Both 'anō' and 'hoki' are postposed particles, neither of which are conjunctions. Therefore, they should be used following the last item of the list.[2]

This is a descendant of both Ngāi Tahu and of Ngāi Tūhoe.
Incorrect:	He uri tēnei nō Ngāi Tahu, <u>anō hoki</u> nō Ngāi Tūhoe.
Correct:	He uri tēnei nō Ngāi Tahu, nō Ngāi Tūhoe <u>anō hoki</u>.

Pizza and bread are my favourite foods.
Incorrect:	Ko te parehe, <u>anō hoki</u> ko te parāoa aku tino kai.
Correct:	Ko te parehe, ko te parāoa <u>anō hoki</u> aku tino kai.

My brother-in-law (of a male) is both greedy and obnoxious.
Incorrect:	He kaihoro, <u>anō hoki</u> he mōrikarika taku taokete.
Correct:	He kaihoro, he mōrikarika <u>anō hoki</u> taku taokete.

---

2   Rule: 'Anō hoki' can only be used in the postposed periphery.

anō hoki / me te mea anō
... anō hoki, me hoko tātou i tētahi koha māna.

I ētahi wā, e kitea ana te whakamahinga o te 'anō hoki' hei āpiti i tētahi kōrero ki tētahi atu mea kua kōrerohia kētia. Ko tā te 'anō hoki', he whakakapi i te wāhi ki te kupu 'also'. Hei tauira, '... i whakamāramahia anō hoki ngā whakaritenga mō Hanarei', arā, '... the arrangements for Sunday were also explained'. Ko te '... me te mea anō ...' tētahi kīhono e pai ana hei whakakapi i te wāhi ki te 'and another thing is', ā, e taea ana hoki tēnei kīhono te whakamahi i te tīmatanga o te rerenga kōrero.[3]

Sometimes 'anō hoki' is used to mean 'and another thing is', but 'anō hoki' generally means 'also'; for example, '... i whakamāramahia anō hoki ngā whakaritenga mō Hanarei', that is, '... the arrangements for Sunday were also explained'. The saying '... me te mea anō ...' is a more correct way of saying 'and another thing is' and can be used at the start of a sentence.[4]

... and another thing is, we need to buy them a gift.
Incorrect: ... *anō hoki*, me hoko tātou i tētahi koha māna.
Correct: ... *me te mea anō*, me hoko tātou i tētahi koha māna.

... and another thing is, we need to go to the store.
Incorrect: ... *anō hoki*, me haere tātou ki te toa.
Correct: ... *me te mea anō*, me haere tātou ki te toa.

... and another thing is, the All Blacks lost last night.
Incorrect: ... *anō hoki*, i hinga te kapa Ōpango inapō.
Correct: ... *me te mea anō*, i hinga te kapa Ōpango inapō.

---

3   'Te mea anō hoki' is another option.
4   Rule: 'Anō hoki' can only be used in the postposed periphery.

[hāngū] anōtia/[hāngū] anō
I kōrerohia <u>anōtia</u> tēnei i te hui.

Ko tā te 'anō', he tohu i tētahi momo tāruatanga, i tētahi momo tāpiritanga, i tētahi momo āhuatanga rānei kei tua i te mea e kōrerohia ana (*He Iti Kahurangi*, 2015). Hāunga ōna wā e noho karapipiti mai nei te 'rā' ki mua (h.t. 'kōrerohia rā anōtia'), kāore e whakahāngūtia te pūmuri 'anō'.

The particle 'anō' indicates repetition or addition (*He Iti Kahurangi*, 2015). Notwithstanding the occasions where 'rā' is sitting directly before it (e.g. 'kōrerohia rā anōtia'), the postposed particle 'anō' does not take the passive form when used after a passive verb.[5]

This was again spoken about at the meeting.
Incorrect: I kōrerohia <u>anōtia</u> tēnei i te hui.
Correct: I kōrerohia <u>anō</u> tēnei i te hui.

Can you please send that file to Tame again.
Incorrect: Tēnā, tukuna <u>anōtia</u> taua kōnae ki a Tame.
Correct: Tēnā, tukuna <u>anō</u> taua kōnae ki a Tame.

Mere was left behind again.
Incorrect: I whakarērea <u>anōtia</u> a Mere.
Correct: I whakarērea <u>anō</u> a Mere.

---

5   Rule: The postposed particle 'anō' does not take the passive suffix when used with a passive verb.

[hāngū] kē/[hāngū] kētia
E whāia k̲ē̲ ana tēnei huarahi.

O ngā hapa pūmuri, koinei tētahi e kaha puta ana. Kotahi tonu te ture hei whai mā te kaikōrero i tēnei horopaki, arā, ka noho mai ana ngā pūmuri tohu 'kau', 'kē', 'noa', 'rawa', 'tonu', ki muri i tētahi tūmahi hāngū, me hāngū rawa hoki tērā pūmuri. Hei āpiti atu ki ēnei pūmuri ko ngā pūmuri 'rā anō' me te 'noa iho'.

Of all errors in the use of postposed particles, this is one of the most common. The key rule to follow in this instance is that the postposed particles — 'kau', 'kē', 'noa', 'rawa' and 'tonu' — must be passified when they follow a passive verb. This is also the case for 'rā anō' and 'noa iho' when following a passive verb.[6]

This route is being followed instead.
Incorrect: E whāia k̲ē̲ ana tēnei huarahi.
Correct: E whāia k̲ētia̲ ana tēnei huarahi.

Only send your thoughts to the boss.
Incorrect: Tukuna k̲au̲ ō whakaaro ki te rangatira.
Correct: Tukuna k̲autia̲ ō whakaaro ki te rangatira.

The customs were merely disobeyed by Tame.
Incorrect: I takahia n̲oa̲ ngā tikanga e Tame.
Correct: I takahia n̲oatia̲ ngā tikanga e Tame.

---

6   Rule: The manner particles 'kau', 'kē', 'noa', 'rawa', and 'tonu' must take a passive suffix when used with a passive verb.

e ..., me ... / e ... ai, me ...
E puta te ihu, me pai.

Ko tā tēnei momo rerenga, he tohu i tētahi āhuatanga me kite rawa e puta ai tētahi hua, tētahi āhuatanga kē rānei. Ko te raru ia i ōna wā, ka hapa te kaikōrero i te korenga ōna e whakauru i te pūmuri 'ai' hei tohu i te āhuatanga tērā pea ka puta (h.t. 'e ... ai, me ...'). E kapi ai te wāhi ki te tohu i te hua tērā pea ka puta, me kuhu rawa te 'ai'.

This sentence focuses on the thing(s) that must occur for a certain outcome to be obtained. A common error with the use of this structure is when the speaker fails to insert the 'ai' particle to accompany 'e' (e.g. 'e ... ai, me ...'). The 'ai' particle should be inserted in this context when describing an outcome.

To pass, it must be good.
Incorrect: E puta te ihu, me pai.
Correct: E puta ai te ihu, me pai.

For the language to reach a level of excellence, it must be spoken.
Incorrect: E eke te reo ki tētahi taumata o te kounga, me kōrero.
Correct: E eke ai te reo ki tētahi taumata o te kounga, me kōrero.

So that we are not forced to go flat out, we should leave early.
Incorrect: E kore tātou e mate ki te parahutihuti, me wawe te wehe.
Correct: E kore ai tātou e mate ki te parahutihuti, me wawe te wehe.

ki reira …/ki reira … ai
Whakahokia te reo ki te kāinga, <u>ki reira</u> puāwai mai.

Ko tētahi o ngā whakamahinga o te pūmuri 'ai', ko te tautuhi i tētahi mahi, i tētahi āhuatanga rānei ka puta i tētahi wāhi. Nā, ko tētahi kīanga kua kaha haere te whakamahia, ko te 'ki reira … ai'. E tika ai te takoto o te reo, me kuhu rawa te 'ai' e kapi katoa ai ngā wāhanga o tērā kīanga. Arā hoki ngā rerekētanga o tēnei kīanga, pēnei i te 'ki konā … ai' me te 'ki konei … ai', heoi, kei te āhua tēnei o te wāhi e kōrerohia nā.

One use of the 'ai' particle is to indicate an action or aspect that is being seen or will be seen in a certain place. One phrase that is commonly used is 'ki reira … ai'. For the language to be correct (and the phrase to be complete), the 'ai' particle must be inserted. There are also variations to this phrase, such as 'ki konā … ai' and 'ki konei … ai', depending on the location being discussed.

Let the language return home, to where it will blossom.
Incorrect: Whakahokia te reo ki te kāinga, <u>ki reira</u> puāwai mai.
Correct: Whakahokia te reo ki te kāinga, <u>ki reira</u> puāwai mai <u>ai</u>.

Lest you remain there negatively criticising the subject.
Incorrect: Kei noho koe <u>ki reira</u> whakatakē mai i te kaupapa.
Correct: Kei noho koe <u>ki reira</u> whakatakē mai <u>ai</u> i te kaupapa.

You should come to Tauranga, where we will both meet.
Incorrect: Me haere mai koe ki Tauranga, <u>ki konei</u> tāua hui.
Correct: Me haere mai koe ki Tauranga, <u>ki konei</u> tāua hui <u>ai</u>.

[mahi] ... koa/[mahi] koa
Homai te tote koa.

I ētahi horopaki, ko tā te 'koa', he whakangāwari i te reo, i tētahi tono rānei, ā, kāore e tika ana kia noho tēnei kupu hei kupu whakamutunga mō tētahi tono (h.t. 'Homai te tote koa'). Kāore hoki e tika ana kia noho tēnei kupu ki te upoko o tētahi rerenga (h.t. 'Koa homai te tote'). Me whakauru kē tēnei pū ki muri i te tūmahi o te rerenga, i muri tata rānei i te 'Tēnā' (h.t. 'Tēna koa').

In certain contexts, 'koa' is used to soften the language (particularly when requesting something). It is incorrect to use 'koa' at the end of a sentence (e.g. 'Homai te tote koa' ['Pass me the salt please']). It is also not right to use 'koa' at the start of a sentence (e.g. 'Koa homai te tote' ['Please pass me the salt']). Instead, 'koa' should be placed directly after the verb in the sentence, or directly behind 'Tēnā' (e.g. 'Tēnā koa').

Please pass me the salt.
Incorrect: Homai te tote koa.
Correct: Homai koa te tote.

Please take a look at what I have written.
Incorrect: Tirohia taku tuhinga koa.
Correct: Tirohia koa taku tuhinga.

Please facilitate this meeting.
Incorrect: Whakahaerehia tēnei hui koa.
Correct: Whakahaerehia koa tēnei hui.

Ngā hapa pūmuri

kua … ai/kua
Tēnā tātou <u>kua</u> kotahi mai <u>ai</u> ki tā tātou hui.

I ōna wā, he māmā noa iho te kuhu i te 'ai' ki te rerenga hei hoa mō te pū 'kua'. Ahakoa te maha o ngā wāhi, me te maha hoki o ngā whakamahinga e tika ana kia kuhua atu te 'ai', kotahi tonu te ture hei mau ki te hirikapo — kāore te 'ai' e noho hei hoa mō 'kua', ahakoa ki hea, ahakoa pēhea.

At times, it can be easy (and can feel natural) to insert 'ai' into a sentence as a complement to 'kua'. Despite the myriad places and the many uses of the 'ai' particle, one such instance where it isn't correct to use the 'ai' particle is following 'kua'. This remains the case in all uses and contexts of the language.[7]

Greetings to those of us who have gathered for our meeting.
Incorrect: Tēnā tātou <u>kua</u> kotahi mai <u>ai</u> ki tā tātou hui.
Correct: Tēnā tātou <u>kua</u> kotahi mai ki tā tātou hui.

Because of your advice the tribe was prepared.
Incorrect: Nā ō tohutohu <u>kua</u> takatū <u>ai</u> te iwi.
Correct: Nā ō tohutohu <u>kua</u> takatū te iwi.

The regretful thing is all the errors that we have collected!
Incorrect: Ko te āhuatanga whakapāha, ko ngā hapa <u>kua</u> kohia <u>ai</u> e māua!
Correct: Ko te āhuatanga whakapāha, ko ngā hapa <u>kua</u> kohia e māua!

---

7   Rule: The postposed particle 'ai' should not be used with 'kua'.

mōu i … ai/mōu i …
Tēnā koe, <u>mōu i</u> whakatakoto <u>ai</u> i ō whakaaro.

Ka tirohia ana ngā niupepa tawhito, ko te 'mōu i …' tētahi kīanga e kaha karawhiua nei i te wā e rere ana te reo mihi. I ōna wā, ka kuhuna atu e te kaikōrero te pūmuri 'ai' ki muri tata i te mahi, i te aha kē rānei e mihia ana e te kaimihi. Ahakoa te mahi a te horopaki e whai wāhi atu ai te 'ai', kāore he wāhi mō te pūmuri rā i tēnei kīanga. Me waiho kē ki te 'mōu i …'.

When looking at old newspapers and writings, the structure 'mōu i …' is commonly found when an acknowledgement is being given. At times, the person giving the acknowledgement can feel the need to include the particle 'ai' right behind the action, or whatever is being acknowledged (e.g. 'mōu i … ai'). Notwithstanding the many contexts where 'ai' should be used, this structure should be left as 'mōu …i'.[8]

Thank you for sharing your thoughts.
Incorrect: Tēnā koe, <u>mōu i</u> whakatakoto <u>ai</u> i ō whakaaro.
Correct: Tēnā koe, <u>mōu i</u> whakatakoto i ō whakaaro.

Acknowledgements to you, for sharing what you know.
Incorrect: E mihi ana, <u>mōu i</u> whāngai mai <u>ai</u> i tāu e mōhio nei.
Correct: E mihi ana, <u>mōu i</u> whāngai mai i tāu e mōhio nei.

Our bucket of thanks is overflowing, for you disclosed important knowledge.
Incorrect: E engaenga ana te ipu o Waioha, <u>mōu i</u> whāki mai <u>ai</u> i te kura huna.
Correct: E engaenga ana te ipu o Waioha, <u>mōu i</u> whāki mai i te kura huna.

---

8   Rule: The postposed particle 'ai' should not be used with the 'mōu i' phrase.

noa iho/anake

Ka whakarongo au ki a koe <u>noa iho</u>.

Ko te rerekētanga o te 'anake' i te 'noa iho' i tēnei horopaki, ko tā te 'anake' he whakaatu i te korenga o tētahi tangata i kō atu. Manohi anō, ko tā te 'noa iho', he kawe i tētahi wairua whakaiti, ānō nei ko te tangata noa iho tērā e kōrerohia ake nei (h.t. ko koe noa iho).

The main difference between 'anake' and 'noa iho' (after a noun or pronoun) is that 'anake' carries the meaning of 'only'. On the other hand, 'noa iho' carries a sense of 'just' (e.g. it is just you and no one better).

I will only listen to you.
Incorrect: Ka whakarongo au ki a koe <u>noa iho</u>.
Correct: Ka whakarongo au ki a koe <u>anake</u>.

It was only me that attended that meeting.
Incorrect: Ko au <u>noa iho</u> i tae atu ki tērā hui.
Correct: Ko au <u>anake</u> i tae atu ki tērā hui.

You will never be the sole voice for the tribe.
Incorrect: Nōhea e noho ko koe <u>noa iho</u> hei māngai mō te iwi.
Correct: Nōhea e noho ko koe <u>anake</u> hei māngai mō te iwi.

[oti] rawatia/[oti] rawa
Kei mākū rawatia ō kākahu.

Ka whakamahia ana tētahi pūmuri hei hoa mō te tūāhua oti, kāore e tika ana kia whakahāngūtia te pūmuri rā. Me noho kau noa te pūmuri.

When using a postposed particle with a stative verb, the postposed particle should not take the passive form. This remains the case regardless of the type of particle being used and includes all manner particles.[9]

Lest your clothes get too wet.
Incorrect: Kei mākū rawatia ō kākahu.
Correct: Kei mākū rawa ō kākahu.

This project will be completed today.
Incorrect: Ka oti kautia tēnei kaupapa i te rā nei.
Correct: Ka oti kau tēnei kaupapa i te rā nei.

You merely completed the piece of writing.
Incorrect: I tutuki noatia i a koe te tuhinga.
Correct: I tutuki noa i a koe te tuhinga.

---

9   Rule: When using a postposed particle after a stative verb, the postposed particle should not take the passive form.

pea, ka …/ka … pea
Pea, ka whakahokia atu te pukapuka ki a koe.

He rerekē te noho mai o te kupu 'pea' i te rerenga Māori, terā i te rerenga Pākehā. I ōna wā, kua whakamahia tōna kupu Pākehā (maybe, perhaps) hei wāhi i te rerenga. E kore e pērātia te kupu 'pea' i te reo Māori, ka mutu, me noho rawa mai te kupu rā hei pūmuri. Kei ngā tauira o raro iho nei tēnei āhuatanga e whakaaturia ana.

The word 'pea', generally used to mean 'maybe' or 'perhaps', sits in a different part of the Māori sentence than in the English sentence. We may opt to use the word 'perhaps' at the start of an English sentence (e.g. 'Perhaps they will arrive soon'). The word 'pea' can be used only in the postposed form, and never to start a sentence.[10]

The book might be returned to you.
Incorrect: Pea, ka whakahokia atu te pukapuka ki a koe.
Correct: Ka whakahokia atu pea te pukapuka ki a koe.

It is possible that we might go to Hamilton for the weekend.
Incorrect: Pea, ka haere mātou ki Kirikiriroa mō te wīkēne.
Correct: Ka haere pea mātou ki Kirikiriroa mō te wīkēne.

I might think about that question.
Incorrect: Pea, ka whakaarohia e au te pātai rā.
Correct: Ka whakaarohia pea e au te pātai rā.[11]

---

10 Rule: The particle 'pea' should only be used in the postposed periphery.
11 Another option is to use 'Tērā pea' at the start of the sentence ('Tērā pea ka whakaarohia e au te pātai rā').

rānei he …/he … rānei
He āporo, <u>rānei he</u> ārani.

Ko tā te 'rānei' i tēnei horopaki, he hono i ētahi kōwhiringa e wātea ana ki te tangata, ā, ko tētahi anake e tika ana (*He Iti Kahurangi*, 2015). E tika ai te whakamahia o te pūmuri nei, me noho rawa mai ki muri i ngā kōwhiringa e rua (neke atu rānei), ki muri rānei i te kōwhiringa whakamutunga e whakarārangitia mai ana.

'Rānei' in this context is used to link specified alternatives (*He Iti Kahurangi*, 2015). To use this particle correctly, it should be placed either after both options (as shown in the second example below), or following the final option (as shown in the first example below). It should not be used to introduce an option.[12]

An apple or an orange?
Incorrect: He āporo, <u>rānei he</u> ārani?
Correct: He āporo, <u>he</u> ārani <u>rānei</u>?

Was it Tame or was it Timi that won?
Incorrect: Ko Tame, <u>rānei ko</u> Timi i toa?
Correct: <u>Ko</u> Tame <u>rānei</u>, <u>ko</u> Timi <u>rānei</u> i toa?

Will it be a fine day or a rainy day tomorrow?
Incorrect: He rangi mokopuna, <u>rānei he</u> pata ua āpōpō?
Correct: He rangi mokopuna, <u>he</u> pata ua <u>rānei</u> āpōpō?

---

12 Rule: The particle 'rānei' should only be used in the postposed periphery.

rawa/rawa atu
Kei te ora <u>rawa</u> ahau.[13]

Arā ngā whakamahinga rerekē o te kupu 'rawa', heoi, i ngā horopaki kua tohua i raro iho nei, ko te kaupapa o te 'rawa', ko te tohu i te ekenga o tētahi āhuatanga ki tētahi taumata kei tua atu o tērā e tika ana, e pai ana rānei. I ngā horopaki e hiahia nei koe ki te whakaatu i te autaia (pai nei) o tētahi āhuatanga, ko te 'rawa atu' kē tētahi huarahi hei whai.

There are many uses of the 'rawa' particle. One such use, highlighted in the errors below, is that of indicating extremeness or excessiveness, beyond what is right. In contexts where 'very' (e.g. very good, very sick) is the essence of what is being said, 'rawa atu' may be more appropriate.

I am very well.
Incorrect: Kei te ora <u>rawa</u> ahau.
Correct: Kei te ora <u>rawa atu</u> ahau.

Tame has his very nice clothes.
Incorrect: Kei a Tame ōna kākahu pai <u>rawa</u>.
Correct: Kei a Tame ōna kākahu pai <u>rawa atu</u>.

This room is exceedingly warm.
Incorrect: He mahana <u>rawa</u> tēnei rūma.
Correct: He mahana <u>rawa atu</u> tēnei rūma.

---

13 Translation: 'I am too well.'

taku nei mōhio/tōku nei mōhio
Kāore ā tātou kai, ki taku nei mōhio.

Ko te nuinga o tātou ka mōhio ki te korenga o ngā kupu pānga 'taku' me te 'aku', 'tō' me te 'ō', 'tana' me te 'ana' e herea ki ngā ture 'a' me te 'o' (h.t. 'taku motokā', 'tō waea'). Ahakoa te tika o tēnei kōrero, ki te kuhuna atu he pū ki waenga i te kupu pānga me tōna taunga (h.t. taku nei mōhio), kua mate koe ki te whiriwhiri i te 'a', i te 'o' rānei (h.t. tōku nei mōhio).

Many readers will know that the possessive determiners 'taku', 'aku', 'tō', 'ō', 'tana' and 'ana' are neutral, and are therefore not bound by the 'a' and 'o' categories (e.g. 'taku motokā', 'tō waea'). Despite this, if the possessive determiner (e.g. 'taku') is followed by a postposed particle (e.g. 'nei', 'ake'), the neutral form can't be taken and you must choose either the 'a' or 'o' category form (e.g. 'ōku' or 'āku').[14]

We don't have any food, to my knowledge.
Incorrect: Kāore ā tātou kai, ki taku nei mōhio.
Correct: Kāore ā tātou kai, ki tōku nei mōhio.

You should go in your own car.
Incorrect: Me haere koe i tō ake waka.
Correct: Me haere koe i tōu ake waka.

Discuss his/her own ideas for the symposium.
Incorrect: Matapakina ana ake whakaaro mō te rūnanga.
Correct: Matapakina ōna ake whakaaro mō te rūnanga.

---

14 Rule: When a possessive determiner precedes a postposed particle, the neutral form can't be used.

5
Ngā hapa whakakāhore

Mēnā i raru rā te tangata i te wetereo me ōna runga, ōna raro, ōna roto, ōna waho, ko ngā whakakāhoretanga tērā e eke ai te reo o te hunga kōrero Māori ki te tope mānuka. He kore pea nō tētahi anga kotahi e whakawhāiti nei i ngā whakakāhoretanga katoa, kua raru, kua hinga tātou. Arā kē noa atu ōna takotoranga me ōna mirimiringa, me te aha, ko te hinengaro tērā ka rangirua i ōna wā ki tōna tika, ki tōna hē rānei. Kia manawanui mai, kāore pea ngā whakautu katoa ki tāu e hiahia nei i te takoto i ngā whārangi e whai ake nei. Heoi anō tā māua he wānanga i ētahi o aua hapa rā e rite tonu nei te puta i te māngai o te hunga kōrero Māori me kore e mārama ake ngā hapa nei ki te hunga pānui. Nō reira, kia mataara, kia takatū, ā, kia tahuri tātou ki te wānanga i ngā hapa whakakāhore kei ēnei whārangi nei.

5
Errors in negation

If we are troubled in the pursuit of correct grammar and its ins and outs, the negation of those grammatical structures will surely see the language of Māori speakers put to the test. This difficulty arises partly out of a lack of consistency or coherency around the negations of different sentence structures, with incorrect negations being the result. There are countless ways and adaptations when it comes to negation, and this can leave speakers (and learners) wondering whether what they have said is correct or incorrect. Be aware that not all of the answers lie in the following pages; instead, we have aimed to present some of the most commonly heard errors of negation.

ehara ... he/ehara ... i te
Ehara au he wahine.

Ko tētahi o ngā momo rerenga ka whakaakona tuatahitia ki te hunga kua tīmata tā rātou ako i te reo Māori, ko te rereingoa e mea nei, 'He ... au' (h.t. 'He wahine au'). Nā, i te korenga o te whakakāhoretanga e whakaakona, kua pōhēhē kē te nuinga, ko te 'Ehara ... he' (h.t. 'Ehara au he wahine') te huarahi hei whakakāhore i tēnei momo rerenga. Ko te ara kē ia hei whai, ko te 'Ehara ... i te' (h.t. 'Ehara au i te wahine').

One of the first sentence types taught to learners of te reo Māori is the nominal phrase 'He ... au' (e.g. 'He wahine au' ['I am a woman']). Its negation is not often taught with it and 'Ehara ... he' is the common negation learners will use for this type of sentence (e.g. 'Ehara au he wahine'). Instead, these types of phrases should be negated with 'Ehara ... i te' (e.g. 'Ehara au i te wahine' ['I am not a woman']).[1]

I am not a woman.
Incorrect: Ehara au he wahine.
Correct: Ehara au i te wahine.

Tame is not a promiscuous person.
Incorrect: Ehara a Tame he tou pūaha.
Correct: Ehara a Tame i te tou pūaha.

Mere is not the grandchild of Tahupōtiki.
Incorrect: Ehara a Mere he mokopuna a Tahupōtiki.
Correct: Ehara a Mere i te mokopuna a Tahupōtiki.

---

1 Rule: For the nominal phrase 'He ... [noun]', the negation should follow the 'Ehara [noun] i te ...' structure.

ehara i te/kāore ... i te
Ehara tērā pōro i te kahurangi.

Ko tētahi hapa e whakararu ana i te hunga kōrero Māori, ko te pōhēhē mēnā ka tīmata te rerenga ki te pū 'He', ko te 'Ehara' kē tōna whakakāhoretanga. E tika ana tēnei i ngā rereingoa, engari mēnā he rereāhua, ko te 'Kāore' kē te whakakāhoretanga e tika ana.

Another error that continues to confuse Māori language speakers is that if the sentence starts with the 'He' particle, we assume 'Ehara' is the appropriate term to negate it. This is correct when using a noun phrase, but for adjective phrases 'Kāore' should instead be used.

That ball isn't blue.
Incorrect: Ehara tērā pōro i te kahurangi.
Correct: Kāore tērā pōro i te kahurangi.

It's not cold in Porirua.
Incorrect: Ehara i te makariri i Porirua.
Correct: Kāore i te makariri i Porirua.

Our house isn't big.
Incorrect: Ehara tō mātou whare i te nui.
Correct: Kāore tō mātou whare i te nui.

kāore ... mō te [hāngū] i/kāore ... mō te [whiti] i
Kāore au mō te <u>whakatōroatia</u> i ngā kōrero.

Kāore māua mō te whakaroa i ngā kōrero i konei, nō reira kia poto ēnei whakamārama. Mehemea ka whai te tūmahi hāngū i tētahi tūingoa, pēnei i ngā tauira kei raro iho nei, ka noho kē ko te tūingoa rā hei taunga. Nō reira i ēnei horopaki, kāore e tika ana kia hāngū te tūmahi.

We'll keep this explanation short: If a passive verb follows a noun, as in the examples below, then the noun inadvertently becomes the object of the sentence. Therefore, in these contexts, the verbs should not be in passive form.

I am not one for carrying on and on.
Incorrect: Kāore au mō te <u>whakatōroatia</u> i ngā kōrero.
Correct: Kāore au mō te <u>whakatōroa</u> i ngā kōrero.

That snobby so and so is not one for sharing their knowledge.
Incorrect: Kāore tērā whakaparanga mō te <u>whāngaihia</u> i ōna mātauranga.
Correct: Kāore tērā whakaparanga mō te <u>whāngai</u> i ōna mātauranga.

That aunty of mine is not one for holding on to her grievances.
Incorrect: Kāore tērā whaea ōku mō te <u>pupuritia</u> i ana nawe.
Correct: Kāore tērā whaea ōku mō te <u>pupuri</u> i ana nawe.

kāore anō ... kua/kāore anō ... kia, kāore anō ... i
Kāore anō au kua kite i tērā āhuatanga.

He rite tonu te rangona o te 'Kāore anō' e whakamahia ana hei hoa haere mō te 'kua', ka mutu, e pēnei nei he whakakāhore nā tātou i te rerenga e tīmata ana ki te 'kua' (he whakaatu i te tutuki o tētahi mahi, i te huringa rānei o tētahi āhuatanga). I a tātou e whakakāhore ana i ēnei momo rerenga, ko te 'kia', ko te 'i' kē rānei (wāhipa) te hoa haere mō te rerenga nei.

We quite often hear 'Kāore anō' being used with 'kua', and this is not surprising when the sentence being negated is one that starts with 'kua' (normally indicating something having been completed or a change in state). In these situations, we must either use 'kia' or 'i' (past tense) to replace 'kua'.[2]

I haven't yet seen that sort of thing.
Incorrect: Kāore anō au kua kite i tērā āhuatanga.
Correct: Kāore anō au kia kite i tērā āhuatanga.

They've not yet cooked dinner.
Incorrect: Kāore anō rātou kua tunu i te kai o te pō.
Correct: Kāore anō rātou kia tunu i te kai o te pō.

My friend hasn't yet called me.
Incorrect: Kāore anō taku hoa kua waea mai.
Correct: Kāore anō taku hoa kia waea mai.

---

2   Rule: To negate verbal sentences beginning with 'Kua', the 'Kāore anō ... kia' or 'Kāore anō ... i' (past tense) structure should be followed.

kāore au he …/kāore [āku/ōku]
Kāore au he pene.

He hapa tēnei e motuhake ana (i te nuinga o ngā wā) ki te hunga kātahi anō ka tahuri mai ki tō tātou reo, ka mutu, whakamahia ai tēnei rerenga hei urupare ki te pātai, 'He … tāu/tōu?' Mēnā kāore ā/ō rātou aha rā, ka karawhiua te takotoranga 'Kāore au he …'. Ko te takotoranga tika hei whai, ko te 'Kāore āku/ōku …'.

This is an error generally heard from those who are at the start of their Māori-language journey. To answer the question 'He … tāu/tōu?' ('Do you have a …?') in the negative, the correct form is 'Kāore āku/ōku …'.[3]

I don't have a pen/any pens.
Incorrect: Kāore au he pene.
Correct: Kāore āku pene.

They don't have a table/any tables.
Incorrect: Kāore rātou he tēpu.
Correct: Kāore ā rātou tēpu.

I haven't got an idea/any ideas.
Incorrect: Kāore au he whakaaro.
Correct: Kāore ōku whakaaro.

---

3   Rule: When negating nominal phrases beginning with 'He', where the subject is a possessive determiner, 'Kāore' should be used and the singular 't-' should be dropped.

kāore ka/kāore ... e
Kāore ka whakaae taku pāpā.

He pēnei i ētahi atu whakakāhoretanga, arā tētahi pōhēhētanga e rere ana mō te whakakāhoretanga o ngā reremahi e tīmata ana ki te pū 'Ka'. Ko taua pōhēhētanga, ko te whai i te 'Kāore ka ...' (h.t. 'Kāore ka haere taku Māmā') hei whakakāhore i ēnei momo rerenga. Ko te 'Kāore ... e' kē te takotoranga e tika ana hei whakakāhoretanga mō tēnei momo rerenga (h.t. 'Kāore taku Māmā e haere'). Hei mutunga, me tō atu te kaimahi (Māmā) ki te upoko o te rerenga.

As with other negations, there is a common misconception that the negation for verbal sentences beginning with 'Ka' is to follow 'Kāore ka ...' (e.g. 'Kāore ka haere taku Māmā'). Instead, the correct negation for 'Ka' statements is 'Kāore ... e' (e.g. 'Kāore taku Māmā e haere' ['My mother won't go']). Also note that the subject (Māmā) has been brought forward, and now sits behind 'Kāore' in the negation.[4]

My father won't allow it.
Incorrect: Kāore ka whakaae taku pāpā.
Correct: Kāore taku pāpā e whakaae.

Mere won't want that.
Incorrect: Kāore ka pīrangi a Mere ki tērā.
Correct: Kāore a Mere e pīrangi ki tērā.

I will never achieve what I am setting out to achieve.
Incorrect: Kāore ka pahawa i a au tāku e whai nei.
Correct: Kāore e pahawa i a au tāku e whai nei.

---

4   Rule: When negating 'Ka' statements, 'Kāore e' should be used.

kāore kei/kāore i

Kāore kei konei taku māmā.

I ēnei momo rerewāhi nei e tīmata ana ki te pū 'Kei', he rite tonu te whāia o te 'Kāore kei' hei whakakāhoretanga mō te rerenga nei. Ahakoa wāhipa, wātū, wāheke rānei, ko te 'Kāore i' te whakakāhoretanga mō tēnei momo rerenga. E pēnei nei nā te noho mai o te 'i' hei pūwāhi i ēnei rerenga, kaua hei pū tohu i te wā.

In these types of locative sentences that start with the 'kei' particle, it is common to hear 'Kāore kei' being used as a negation. Regardless of the tense (past, present or future), 'Kāore i' is the appropriate negation for these types of sentences. This is because 'i' is being instead used as a locative particle, rather than one that indicates tense.[5]

My mother isn't here.
Incorrect: Kāore kei konei taku māmā.
Correct: Kāore i konei taku māmā.

The success of this project is not in your hands.
Incorrect: Kāore kei ō ringaringa te ora o te kaupapa nei.
Correct: Kāore i ō ringaringa te ora o te kaupapa nei.

I don't have the answer.
Incorrect: Kāore kei a au te whakautu.
Correct: Kāore i a au te whakautu.

---

5   Rule: When negating locative statements, 'Kāore i' should be used (regardless of tense).

kāore kei te .../kāore ... i te ...
Kāore kei te haere au ki te hui.

He rite tonu tā tātou rongo i te 'Kāore kei te haere au', hei whakamāori i te rerenga, 'I am not going'. E ara mai ana tēnei hapa i te pōhēhē nui ko te 'Kāore kei te ...' te whakakāhoretanga o ngā rerenga e tīmata ana ki te 'Kei te' (h.t. 'Kei te haere au'). Heoi, ko te whakakāhoretanga me whai, ko te 'Kāore ... i te' (h.t. 'Kāore au i te haere').

Quite often we will hear 'Kāore kei te haere au' used to mean 'I am not going', with the intention that 'Kāore kei te' is the negation for 'Kei te' (e.g. 'Kei te haere au'). In fact the correct negation form for verbal statements beginning with 'Kei te' is 'Kāore ... i te' (e.g. 'Kāore au i te haere').[6]

I am not going to the meeting.
Incorrect: Kāore kei te haere au ki te hui.
Correct: Kāore au i te haere ki te hui.

The taniwha is not going back into its hole.
Incorrect: Kāore kei te hoki te taniwha ki tōna rua.
Correct: Kāore te taniwha i te hoki ki tōna rua.

I am not using Tame's toothbrush.
Incorrect: Kāore kei te whakamahi au i te paraihe niho a Tame.
Correct: Kāore au i te whakamahi i te paraihe niho a Tame.

---

6   Rule: When negating verbal sentences beginning with 'Kei te', 'Kāore i te' should be used.

kāore ko … / ehara (i) a …
Kāore ko koe.

Ko tētahi whakakāhoretanga o te rereingoa e horapa nei i waenga i te hunga e ako ana i te reo, ko te whakamahi i te 'Kāore ko' hei whakakāhore i te 'Ko …' (h.t. 'Ko Tame tōku pāpā'). Ko te huarahi kē ia hei whakakāhore i ēnei momo rerenga, ko te 'Ehara a …' (h.t. 'Ehara a Tame i tōku pāpā'), ko te 'Ehara ko …' rānei (h.t. 'Ehara ko Tame tōku Pāpā').

A common negation of nominal sentences often heard from those who are learning the language is to use 'Kāore ko' to negate the phrase 'Ko …' (e.g. 'Ko Tame tōku pāpā'). Instead, the appropriate way to negate these types of sentences is to use 'Ehara a …' (e.g. 'Ehara a Tame i tōku pāpā'), or 'Ehara ko …' (e.g. 'Ehara ko Tame tōku pāpā').[7]

It's not you.
Incorrect: <u>Kāore ko</u> koe.
Correct: <u>Ehara i a</u> koe.

Mere isn't the composer of that song.
Incorrect: <u>Kāore ko</u> Mere te kaitito o tērā waiata.
Correct: <u>Ehara a</u> Mere i te kaitito o tērā waiata.

It wasn't Rongomaiwahine who was Tūtānekai's lover, it was Hinemoa.
Incorrect: <u>Kāore ko</u> Rongomaiwahine te whaiāipo a Tūtānekai, ko Hinemoa kē.
Correct: <u>Ehara a</u> Rongomaiwahine i te whaiāipo a Tūtānekai, ko Hinemoa kē.

---

7   Rule: 'Kāore ko' can't be used to negate nominal phrases starting with 'Ko'.

kīhai ... e/kīhai ... i
Kīhai au e haere ki te hui.

Kotahi tonu te tikanga o te 'Kīhai', ko te whakaatu i te whakahē, i te whakakāhore rānei i te wāhipa (*He Pātaka Kupu*, 2008). Kāore e tika ana kia whakamahia te 'Kīhai' hei whakahē, hei whakakāhore rānei i te wātū, i te wāheke rānei. Nā, i te mea e hāngai kau noa ana te 'Kīhai' ki te wāhipa, me mātua whakamahi te pū 'i'.

The word 'Kīhai' indicates a negation in the past tense (*He Pātaka Kupu*, 2008). It is incorrect to use 'Kīhai' to negate in the present and future tense. Because of this, 'Kīhai' must take the 'i' particle rather than the 'e' particle.[8]

I didn't go to the meeting.
Incorrect: Kīhai au e haere ki te hui.
Correct: Kīhai au i haere ki te hui.

Tame didn't agree with what Mere said.
Incorrect: Kīhai a Tame e whakaae ki tā Mere i mea ai.
Correct: Kīhai a Tame i whakaae ki tā Mere i mea ai.

They didn't agree with the thoughts of the Prime Minister.
Incorrect: Kīhai rātou e whakaae ki ngā whakaaro o te Pirimia.
Correct: Kīhai rātou i whakaae ki ngā whakaaro o te Pirimia.

---

8   Rule: The 'Kīhai' negation can be used only in the past tense.

kīhai ki/kāore i
I taku hokinga atu, <u>kīhai ki</u> reira taku rorohiko.

He pēnei tonu i ngā whakamārama kei te whārangi o mua tonu mai i tēnei nā, ki te whāia te 'kīhai' hei whakakāhoretanga, ko tōna pū haere, ko te 'i'. Kotahi tonu te horopaki e pai ana te 'Kīhai ki ...', ā, ko te whakaatu i te whakaaro 'E ai ki ...'. Mehemea e hiahia ana koe ki te whakaatu i te korenga o tētahi mea i tētahi wāhi, ko te 'Kāore i ...' te whakakāhoretanga e tika katoa ana.

As explained on the previous page, the only particle that should be used directly with 'kīhai' is 'i'. There is only one setting in which 'Kīhai ki ...' can be used, and that is to show the idea of 'According to ...'. In the contexts presented on this page, where you want to show that something wasn't where it was supposed to be, 'Kāore i ...' is the more appropriate negation.

When I returned, my laptop wasn't there.
Incorrect: I taku hokinga atu, <u>kīhai ki</u> reira taku rorohiko.
Correct: I taku hokinga atu, <u>kāore i</u> reira taku rorohiko.

At Tame's arrival, his sister wasn't there.
Incorrect: I te taenga atu o Tame, <u>kīhai ki</u> reira tana tuahine.
Correct: I te taenga atu o Tame, <u>kāore i</u> reira tana tuahine.

While I was in Waikato, Mere wasn't there.
Incorrect: Nōku i Waikato, <u>kīhai ki</u> reira a Mere.
Correct: Nōku i Waikato, <u>kāore i</u> reira a Mere.[9]

---

9   Rule: The 'Kīhai' negation should take only the 'i' particle.

kīhai ... kua/kāore anō ... kia
Kīhai au kua whakarite i te tēpu.

Ko tā te 'kua', he whakaatu i te huringa o tētahi āhuatanga (h.t. 'Kua tāroaroa haere koe'). Ko te whakakāhoretanga mō ēnei momo rerenga, ko te whai i te takotoranga 'Kāore anō ... kia' (h.t. 'Kāore anō koe kia tāroaroa'), kaua ko te takotoranga 'Kīhai ... kua'.

When used at the start of a sentence, the 'kua' particle often indicates a change in state, or implies that a change of state has been observed (e.g. 'Kua tāroaroa haere koe' ['You've become tall']). The appropriate negation for these sentences, to show that a change in state hasn't yet been observed, is to use 'Kāore anō ... kia', not 'Kīhai ... kua' (e.g. 'Kāore anō koe kia tāroaroa' ['You've not yet become tall']).[10]

I haven't yet set the table.
Incorrect: Kīhai au kua whakarite i te tēpu.
Correct: Kāore anō au kia whakarite i te tēpu.

Tame hasn't yet spoken to Mere.
Incorrect: Kīhai a Tame kua kōrero ki a Mere.
Correct: Kāore anō a Tame kia kōrero ki a Mere.

The tribe hasn't yet reached the end of the settlement process.
Incorrect: Kīhai te iwi kua tae ki te mutunga o te tukanga whakatau.
Correct: Kāore anō te iwi kia tae ki te mutunga o te tukanga whakatau.

---

10   Rule: To negate 'Kua' statements, 'Kāore anō ... kia' should be used.

6
Ētahi anō hapa

Mehemea ko ngā hapa ā-kupu te matakahi maire o te pukapuka nei, ko ngā hapa e whai ake nei ērā e hinga ai, e pakaru rikiriki ai te tōtara. Kia pēnei ake te kōrero, ko ngā kōrero kei tēnei wāhanga o te pukapuka, ko ērā kāore i tau, kāore i whai wāhi atu ki ngā wāhanga o runga ake. I pēnei ai nā te korenga pea i hāngai o ngā hapa ki ngā wāhanga o te pukapuka nei, nā te korenga rānei i taea te whakatau me kuhu tēnei hapa ki tēnei wāhanga, ki tēnā wāhanga rānei. Ko ngā punua whakamahinga o 'tōku' rāua ko 'ōku' tā māua e kōrero nei, ko ngā huhua whakamahinga o 'e' tā māua e kōrero nei, ko ngā autaia kīanga o ia rā tā māua e kōrero nei. Katoa ēnei kua kuhuna atu ki tēnei paku wāhanga hei otinga atu e hinga ai tēnei tōtara ki raro!

6
Other errors

If errors in the use of words were the 'maire wedge' of this book, the errors on the ensuing pages are those that will ensure the tōtara is felled and broken into many fragments. This section groups those errors that did not fall logically into the sections covered before — they are additions. This may be due to the nature of the errors themselves, or the inability of the authors to settle on a certain section for each error. We are talking about the minor differences in the use of 'tōku' and 'ōku', the myriad uses of 'e', and the different (and often incorrect) uses of everyday sayings, among others. All of these have been included in this closing section to round off the book.

e hia/kia hia

E hia ngā tūru mō te hui?

Ki te uia atu te pātai 'E hia?', e aro ana koe ki te nama o tētahi mea i taua wā tonu. Engari ki te hiahia koe kia mōhiotia te nui e hiahiatia ana ā tōna nei wā, ko te 'Kia hia?' kē te pātai e tika ana.

If you ask the question 'E hia?', you are enquiring about the number of things in existence at that time. But if you want to know how much of something is needed, the question 'Kia hia?' is the correct one.

How many chairs do we need for the meeting?
Incorrect: E hia ngā tūru mō te hui?
Correct: Kia hia ngā tūru mō te hui?

How many sugars would you like in your tea?
Incorrect: E hia ngā huka i tō kapu tī?
Correct: Kia hia ngā huka i tō kapu tī?

How many lollies would the child like?
Incorrect: E hia ngā rare mā te tamaiti?
Correct: Kia hia ngā rare mā te tamaiti?

e [tūmoko Māori]/ [tūmoko Māori]
Māu tēnei koha, e Manaia.

Ko te ture kōnui i te reo Māori mō te pū nei, mō te 'e' i mua i te tūmoko, mēnā ka rua, ka iti iho rānei, ngā oropuare i te ingoa o te tangata, me noho tōmua mai te pū 'e' (h.t. 'Tēnā koe, e Tame'). Mēnā ka toru, ka neke atu rānei ngā oropuare i te tūmoko, me whakakore te 'e' (h.t. 'Tēnā koe, Paiheretia').

The rule of thumb in Māori regarding the use of the 'e' particle in front of a person's name is that if their name contains two or fewer vowels, the 'e' particle must be used to introduce that name (e.g. 'Tēnā koe, e Tame'). If there are three or more vowels in the person's name, the 'e' particle should not be used (e.g. 'Tēnā koe, Paiheretia').[1]

This gift is for you, Manaia.
Incorrect: Māu tēnei koha, e Manaia.
Correct: Māu tēnei koha, Manaia.

This is a story about you, Paiheretia.
Incorrect: He kōrero tēnei mōu, e Paiheretia.
Correct: He kōrero tēnei mōu, Paiheretia.

Greetings to you on this fine winter's day, Te Kiriwai.
Incorrect: Tēnā koe i tēnei rangi mokopuna, e Te Kiriwai.
Correct: Tēnā koe i tēnei rangi mokopuna, Te Kiriwai.

---

1   The 'e' particle should be used only to introduce proper nouns containing two or fewer vowels.

Ētahi anō hapa

e [tūmoko Pākehā]/[tūmoko Pākehā]
Tēnā koe, e Mark.

Ahakoa ngā whakamārama kei te whārangi o mua tata mai nei mō te noho tōmua mai o te pū 'e' ki mua i te ingoa o te tangata, kāore tēnei ture e hāngai ki ngā ingoa Pākehā. Kāore e tika ana kia noho te 'e' ki mua i te ingoa Pākehā.

The explanations on the previous page concerning the placement of the 'e' particle in front of proper nouns with two or fewer vowels do not apply to English names. If it's a name from any other language than Māori, don't use the 'e' particle.[2]

Thanks, Mark.
Incorrect: Tēnā koe, e Mark.
Correct: Tēnā koe, Mark.

It was great to meet you, Julie.
Incorrect: I rawe te tūtaki i a koe, e Julie.
Correct: I rawe te tūtaki i a koe, Julie.

Jason, have you seen Mere's friend?
Incorrect: E Jason, kua kite rānei koe i te hoa o Mere?
Correct: Jason, kua kite rānei koe i te hoa o Mere?

---

2   The 'e' particle should not be used to introduce English proper nouns.

hei tā te kōrero a …/hei tā …
Hei tā te kōrero a Tame, me whakahoki ngā pene.

He pēnei te tikanga o te 'Hei tā' i te 'According to' i te reo Pākehā. Ko te tangata kē tērā ka whakaputa i tētahi whakaaro, i tētahi kōrero, i tētahi aha kē rānei, kaua ko tā rātou i aha kē ai. Nā konā e hapa nei te 'Hei tā te kōrero …', ā, me 'Hei tā [ingoa] …' kē te karawhiu (h.t. 'Hei tā Tame'). E herea pēneitia nei hoki ētahi anō kīanga e ōrite nei te tikanga (h.t. 'E ai ki …', 'Ko tā …').

'Hei tā' can be likened to the English phrase 'According to', and if used correctly it refers to people rather than their thoughts, words or actions. Clauses such as this one, and others of similar meaning (e.g. 'E ai ki …', 'Ko tā …'), should refer directly to the people whose thoughts, actions or words they are.

According to Tame, the pens are to be returned.
Incorrect: <u>Hei tā te kōrero a</u> Tame, me whakahoki ngā pene.
Correct: <u>Hei tā</u> Tame, me whakahoki ngā pene.

According to the Prime Minister, the policies need to be changed.
Incorrect: <u>Hei tā te kōrero a</u> te Pirimia, me panoni ngā kaupapa here.
Correct: <u>Hei tā</u> te Pirimia, me panoni ngā kaupapa here.

According to Mere, the supervisor thought wrong.
Incorrect: <u>E ai ki te kōrero a</u> Mere, i hē tā te rangatira i whakaaro ai.
Correct: <u>E ai ki a</u> Mere, i hē tā te rangatira i whakaaro ai.

Ētahi anō hapa

ka kite …/ka kite i a …
Ka kite koe.

He rite tonu tā tātou rongo i te kīanga, 'Ka kite', e whakamahia ana hei poroaki atu i te tangata. Ahakoa ehara tēnei i te whakamahinga tika katoa, kua rite tonu te whakamahia. Rangona ai hoki te ākonga o te reo e mea ana, 'Ka kite koe'. Heoi, ko tōna tikanga, ko te, 'You will see'. E tika ake ai te takoto o te reo, whakaarohia te whakamahinga o te 'Ka kite i a koe'.

It is quite common to hear 'Ka kite' being used as a term to farewell, meaning 'See you later'. Although not completely correct, it has become common usage. Quite often we may also hear learners of the language say 'Ka kite koe', which means 'You will see'. To say this more correctly, try using 'Ka kite i a koe'.

See you later.
Incorrect: Ka kite koe.
Correct: Ka kite i a koe.

See you both later.
Incorrect: Ka kite kōrua.
Correct: Ka kite i a kōrua.

See you all later.
Incorrect: Ka kite koutou.
Correct: Ka kite i a koutou.

[mahi] [āhua]/[āhua] ... [mahi]
I haere tere mātou ki Tauranga.

He wā ōna ka whai tata atu te tūāhua i te tūmahi. Heoi, arā hoki ētahi tūāhua i te nuinga o te wā ka noho tōmua kē. Ko ngā kupu 'āhua', 'āta', 'kaha', 'mātua', 'paku', 'pīki', 'tata', me te 'tere', ētahi tauira. Kāore he hē o te whakatakoto i ētahi o ēnei kupu ki muri i te tūmahi, engari i te nuinga o te wā, ka noho tōmua kē.

There are times when an adjective follows directly after a verb to describe the manner in which the verb was carried out. Additionally, there are adjectives that are regularly placed in front of a verb. The words 'āhua', 'āta', 'kaha', 'mātua', 'paku', 'pīki', 'tata' and 'tere' serve as some examples. While it's not grammatically incorrect to use these adjectives after a verb in Māori, in most cases they should be placed in front.

We travelled fast to Tauranga.
Incorrect: I haere tere mātou ki Tauranga.
Correct: I tere tā mātou haere ki Tauranga.

They did a deep dive into the subject.
Incorrect: I ruku hōhonu rātou ki te kaupapa.
Correct: I hōhonu tā rātou ruku ki te kaupapa.

Why did he talk so slow?
Incorrect: He aha ia i kōrero pōturi ai?
Correct: He aha i pōturi ai tana kōrero?

Ētahi anō hapa

[nama], [nama], mā [nama]/e [nama], e [nama], mā [nama]
Rima rau, toru tekau mā rua.

Mēnā e rua, e iti iho ana rānei i te rua, ngā oropuare i tētahi nama, e tika ana kia noho mai te pū 'e' ki mua i te nama rā, hāunga ia te nama whakamutunga (e.g. e rima rau, e toru tekau mā rua). Nō reira, kāore te pū 'e' e noho ki mua tata i te 'kotahi' me te 'tekau'.

If a number has two or fewer vowels in it, the particle 'e' must be placed in front of it, aside from when the particle 'mā' is placed directly in front of the last number. Therefore, the particle 'e' is not placed in front of 'kotahi' (one) or 'tekau' (ten).[3]

Five hundred and thirty-two.
Incorrect: Rima rau, toru tekau mā rua.
Correct: E rima rau, e toru tekau mā rua.

Four thousand, seven hundred and fifty-five.
Incorrect: Whā mano, whitu rau, rima tekau mā rima.
Correct: E whā mano, e whitu rau, e rima tekau mā rima.

Seventy-two thousand, two hundred and eighty-three.
Incorrect: Whitu tekau mā rua mano, rua rau, waru tekau mā toru.
Correct: E whitu tekau mā rua mano, e rua rau, e waru tekau mā toru.

---

[3] Rule: To follow proper pronunciation, the 'e' particle should be used to introduce numbers containing two or fewer vowels.

te reo me ōna tikanga/te reo me ngā tikanga
Whakaarohia te reo me ōna tikanga.

Ehara i te mea he hapa ā-wetereo tēnei, engari kei te hē pea ngā whakaaro o ētahi ki te tikanga o tēnei kōrero. Mēnā ka puta i te tangata te rerenga, 'te reo me ōna tikanga', e kōrero ana te tangata mō ngā tikanga o te reo, arā, mō ngā tikanga wetereo. Ki te pīrangi te tangata ki te kōrero mō ngā tikanga a te Māori, me whai te ara kua whakatauiratia ki runga ake.

It's not as though this is a grammatical error, but people are often mistaken about the meaning of this phrase. Saying the phrase 'te reo me ōna tikanga', you are referring to the rules pertaining to te reo Māori, that is, grammatical rules. To talk about tikanga by Māori, follow the alternative outlined below.

Consider the language and customs.
Incorrect: Whakaarohia te reo me ōna tikanga.
Correct: Whakaarohia te reo me ngā tikanga.

... that is relevant to the language and customs.
Incorrect: ... e hāngai ana ki te reo me ōna tikanga.
Correct: ... e hāngai ana ki te reo me ngā tikanga.

The language and customs are important to Māori.
Incorrect: Hea me nui te reo me ōna tikanga ki te Māori.
Correct: Hea me nui te reo me ngā tikanga ki te Māori.

Ētahi anō hapa

tōku, ō/ōku, tō

Kei hea tōku mōhiti?

Arā ētahi kupu i te reo Pākehā ka takitini te wairua, engari kāore i te pērā rawa i te reo Māori. Ko te tarau, ko te hope hoki ētahi tauira. I te reo Māori, kotahi tonu te tarau, kotahi hoki te hope, nō reira me noho kē ko te pū 'te' i mua i aua tūingoa. Engari ia ngā mōhiti, e rua kē ōna mata, nō reira ka takitini i reira.

There are some words in English that are plural by nature, yet in te reo Māori they are not. Trousers and hips are examples. In te reo Māori 'pants' and 'hips' are singular, so the particle 'te' must sit in front of those nouns. Glasses, on the other hand, are plural because they have two spectacles.

Where are my glasses?
Incorrect: Kei hea tōku mōhiti?
Correct: Kei hea ōku mōhiti?

Put on your pants.
Incorrect: Kuhuna ō tarau.
Correct: Kuhuna tō tarau.

Hands on your hips.
Incorrect: Ko ngā ringaringa ki ō hope.
Correct: Ko ngā ringaringa ki tō hope.

tuahine/teina, tuakana
Tēnā koe, e te tuahine [female speaker].

I ōna wā ka rangirua te kaikōrero i te nui, i te rerekē rānei o ngā kupu hei tohu i te pakeke ake, i te tamariki iho rānei (ā-whakapapa nei) o tētahi i a ia. Nā konā kua whakamahia te 'tuahine' hei tohu mā te wahine i tētahi atu o tōna ia, kua whiua ko 'tungāne' hei kōrero mā te tāne ki tāne anō. E tika ai tā te karanga a te tangata i tangata kē atu, me whakamahi ko te kupu 'teina', ko te kupu 'tuakana' kē rānei (tētahi kupu ā-iwi rānei), ā, ka waiho ko 'tuahine', ko 'tungāne' mō ia kē.

At times, a speaker can be confused by the different terms of address for a younger or older sibling (something not seen in English). As a result, 'tuahine' is heard when a female is speaking of another female, and 'tungāne' for a male to another male. To correct this, the relevant word 'teina' or 'tuakana' should instead be used to address people of the same gender, and 'tuahine' or 'tungāne' for the other gender.

Thank you, younger sister (of a female).
Incorrect: Tēnā koe, e te tuahine.
Correct: Tēnā koe, e te teina.

My brother (of a male) will help you.
Incorrect: Mā taku tungāne koe e āwhina.
Correct: Mā taku teina/tuakana koe e āwhina.

You should go, sister (of a female).
Incorrect: Me haere koe, tuahine.
Correct: Me haere koe, e te teina/tuakana.

whānau/e te whānau
Kia ora <u>whānau</u>.

E rangiwhāwhā ana tēnei hapa, arā, te whakamahi i tētahi kupu hei tohu i tētahi kāhui, me te kore noa iho i āpiti i ngā pū hei whakataki i te kupu rā. Ko te kupu e kaha katoa ana te karawhiu pēneitia, ko te 'whānau'. E tika ai te whakamahia o ēnei momo kupu, me kuhu ngā momo pū whakataki pēnei i te 'e te' me te 'kei te'.

This error is common in informal contexts, where the speaker uses a term of address, such as 'whānau', without adding the appropriate words (or letters) to introduce that term of address. When using words like 'whānau' or 'kapa' to address a group of people, combinations like 'e te' and 'kei te' must be used to introduce the term of address (as seen below).

Hello, family!
Incorrect: Kia ora <u>whānau</u>!
Correct: Kia ora, <u>e te whānau</u>!

Awesome, team!
Incorrect: Ka pai <u>kapa</u>!
Correct: Ka pai, <u>e te kapa</u>!

Where are you all, family?
Incorrect: Kei hea rā koutou <u>whānau</u>?
Correct: Kei hea rā koutou, <u>kei te whānau</u>?

Ngā tohutō — Macrons

Hē	Tika	Whakapākehātanga
ae	āe[1]	yes
ānei	anei	here
āo	ao	world
āpopo	āpōpō	tomorrow
ataahua	ātaahua	beautiful
awhina	āwhina	help, assist
ēhara	ehara	not
ēngari	engari	but
hāere	haere	go
Hana Koko	Hana Kōkō	Santa Claus
hangi	hāngī	earth oven
hāngu	hāngū	passive
haora	hāora	hour
hāpori	hapori	community
hēoi	heoi	but, however
hēru	heru	comb
Huitānguru	Huitanguru	February
īmera	īmēra	email
inaianei	ināianei	now

---

1 For more information on common errors made in distinguishing vowel lengths, please refer to Te Taura Whiri i te Reo Māori's *Guidelines for Māori Language Orthography*, www.reomaori.co.nz/orthography

Ngā tohutō

Hē	Tika	Whakapākehātanga
inānahi	inanahi	yesterday
īngoa	ingoa	name
kahu	kāhu	Harrier hawk
kainga	kāinga	home
kāinga	kainga	eaten
kaki	kakī	neck
kānohi	kanohi	face
kao	kāo	no
kaore	kāore	no
kapata	kāpata	cupboard
katahi	kātahi	and then
kaati	kāti	now then, stop it
kātoa	katoa	all
kaumatua	kaumātua	elder
kawanatanga	kāwanatanga	government
keke	kēkē	armpits
kēkē	keke	cake
kōnā	konā	there (near listener)
kōrā	korā	there (at a distance)
kōnei	konei	here (near speaker)
kōtahi	kotahi	one
kōtī	kōti	court
kuaha	kūaha	door, entrance
kuri	kurī	dog
mama	māmā	mother
Maori	Māori	indigenous to Aotearoa
mārama	marama	moon

Hē	Tika	Whakapākehātanga
māramataka	maramataka	calendar
marika	mārika	absolutely
matua	mātua	parents
māui	mauī	left
mē	me	and
mēneti	meneti	minute
mihini	mīhini	machine
mīraka	miraka	milk
mo	mō	for
mōata	moata	early (in the morning)
nānā	nāna	his/hers
nōnā	nōna	his/hers
nga	ngā	the (plural)
ngāhere	ngahere	forest
Ngai	Ngāi	tribal prefix
Ngati	Ngāti	tribal prefix
ngēngē	ngenge	tired
pāhi	pahi	bus
Pakeha	Pākehā	European New Zealander
pākihi	pakihi	business
pānuku	panuku	successfully
papa	pāpā	uncle (term of address)
Papatuanuku	Papatūānuku	Earth Mother
pikoko	pīkoko	hunger
pirangi	pīrangi	want
poroporoākī	poroporoaki	farewell

Ngā tohutō

Hē	Tika	Whakapākehātanga
pōti	poti	cat
pōtī	pōti	vote
puawai	puāwai	bloom
pūāwai	puāwai	bloom
putea	pūtea	money
rāngona	rangona	heard
remana	rēmana	lemon
ritāia	rītaia	retire
riwai	rīwai	potato
roia	rōia	lawyer
ropū	rōpū	group
tāhūhū	tāhuhu	ridge pole
tamahine	tamāhine	daughter
tāonga	taonga	treasure, goods
tara	tāra	dollar
tāringa	taringa	ear
tātari	tatari	wait
tāwhiti	tawhiti	far away
tāwhito	tawhito	old
tēna	tēnā	that (near listener)
tenei	tēnei	this (near speaker)
tēra	tērā	that
tīkanga	tikanga	customs
tīkoki	tikoki	unsteady
tīnana	tinana	body
tipuna	tīpuna	ancestors (plural)
tīpuna	tipuna	ancestor (singular)

Hē	Tika	Whakapākehātanga
tītiro	titiro	look
tōai	toai	repeat, reiterate
tōu	tou	your
tuahine	tuāhine	sisters (plural)
tuāhine	tuahine	sister (singular)
tuakana	tuākana	brothers (plural)
tuākana	tuakana	brother (singular)
tumanako	tūmanako	hope, desire, wish
tūngane	tungāne	brother (to a female)
turu	tūru	seat
tutuki	tūtuki	achieved
tūtuki	tutuki	crash, collide
tūwhera	tuwhera	open
ūpoko	upoko	head
wāea	waea	phone
wāhie	wahie	firewood
wahine	wāhine	women (plural)
wāhine	wahine	woman, female (singular)
waimārie	waimarie	lucky
weta	wētā	wētā (large insect)
whaia	whāia	pursue
whanau	whānau	family
whānaungatanga	whanaungatanga	connection
whetu	whetū	star

Common Māori Language Errors

He kuputohu — Index

āhea ka .../kia ... 62
ai tonu/tonu ai 144
anō hoki .../... anō hoki 145
anō hoki/me te mea anō 146
aroha mai/aroha atu 118
aua atu/ērā atu 20
awhi/āwhina 21

e ..., me .../e ... ai, me ... 149
e .../e ... [ana/nei] 63
e [tūmoko Māori]/ [tūmoko Māori] 177
e [tūmoko Pākehā]/[tūmoko Pākehā] 178
e hia/kia hia 176
ehara ... he/ehara ... i te 162
ehara i te/kāore ... i te 163

haere mai au/haere atu au 120
haere/hapa, kā 119
[hāngū] ... i te/[whiti] ... i te 65
[hāngū] ... ki/[hāngū] ... e 64
[hāngū] anōtia/[hāngū] anō 147
[hāngū] kē/[hāngū] kētia 148
[hāngū] ki [taunga] .../[hāngū] [taunga] ... 66

[hāngū] mō [taunga] .../[hāngū] [taunga] ... 67
hau kāinga/wā kāinga 22
he ... [a/o]/he ... [nā/nō] 70
he ... [nā/nō]/he ... [nā/nō], [hua] 72
he ... au/he ... (t)āku 69
he ... i [hāngū] i/he ... i [whiti] i 71
he ... koe/he ... (t)āu 121
he aha ... mō?/hei aha ...? 122
he aha ai i [tūmahi/tūāhua] [koe]/ he aha [koe] i [tūmahi/tūāhua] ai 68
he aha/e hia 123
he aha/kei te 124
he aha/ko wai 125
he mea [hāngū]/he mea [whiti] 77
he mea/ka 76
hei ... [a/o]/hei ... [mā/mō] 73
hei [hāngū]/hei [whiti] 74
hei tā ..., a .../hei tā ..., hei tā ... 75
hei tā te kōrero a .../hei tā ... 179
hinga/taka 23
hoatu/mā(na), ki a (ia) 126
homai/... mai 128

homai/māku, ki a au 127
hopu/hao, hī, eke 24

ka kite .../ka kite i a ... 180
ka matua/ka mātua 25
kāore ... mō te [hāngū] i/kāore ...
  mō te [whiti] i 164
kāore anō ... kua/kāore anō ... kia,
  kāore anō ... i 165
kāore au he .../kāore [āku/ōku]
  166
kāore ka/kāore ... e 167
kāore kei te .../kāore ... i te ... 169
kāore kei/kāore i 168
kāore ko .../ehara (i) a ... 170
kātahi anō ... kia/kātahi anō ... ka
  79
kei a ... he/he ... [tā/tō] 80
kei hea ... e haere ana/e haere ana ...
  ki hea 129
kei te [whiti] ... mō/kei te [whiti]
  ... i 130
kei te pīrangi koe he .../he ... [māu/
  mōu] 131
kei te/ki te, i te 78
ki konei au [hāngū] ai [taunga]/ki
  konei au [whiti] ai i [taunga] 82
ki reira .../ki reira ... ai 150
ki te [hāngū]/ki te [whiti] 84
ki te/hei 83
kī/kapi 26
kia/ki a 81
kīhai ... e/kīhai ... i 171
kīhai ... kua/kāore anō ... kia 173
kīhai ki/kāore i 172

kimi/kite 27
kōrero ki runga/whāki, whakaatu
  132
kua ... ai/kua 152

mā ... e ... i/mā ... e ... 86
mā ... e [hāngū]/mā ... e [whiti] 85
mā ... ka ... ai/mā ... ka 87
mā te/[tūingoa] 133
[mahi] ... koa/[mahi] koa 151
[mahi] [āhua]/[āhua] ... [mahi]
  181
mārō/uaua 28
me [hāngū]/me [whiti] 88
me mātua [hāngū]/me mātua
  [whiti] 89
mō koe/mōu 90
mō te aha/hei aha 134
moata/wawe 29
mōu i ... ai/mōu i ... 153
mutu au/mutu [taunga] 135

nā ... i [hāngū]/nā ... i [whiti] 91
nā ... i [whiti] i [taunga]/nā ... i
  [whiti] [taunga] 92
[nama] tangohia [nama]/tangohia
  te [nama] i te [nama] 136
[nama] tāpiri [nama]/tāpirihia te
  [nama] ki te [nama] 137
[nama] whakarea [nama]/
  whakareatia te [nama] ki te
  [nama] 138
[nama] whakawehe [nama]/
  whakawehea te [nama] ki te
  [nama] 139

[nama], [nama], mā [nama]/e [nama], e [nama], mā [nama] 182
ngaro/hinga, miere 30
nō ... e [hāngū] ana/nō ... e [whiti] ana 94
nō koe/nōu 93
noa iho/anake 154

o koe/ōu 95
ōrite/kotahi 31
oti/mutu 32
[oti] au i te/[oti] i a au te 96
[oti] rawatia/[oti] rawa 155

paru/tīwekaweka 33
pea, ka .../ka ... pea 156
pēnei ki/pēnei i 98
pērā ki/pērā i 99
pōkai/whētui, whātui 34
purua/kuhuna 140

rānei he .../he ... rānei 157
rangi mokopuna/rangi paki 35
rau(a)/hoatu, meatia, waiho 36
rāua ko/māua ko 100
rauika/whakarauika 37
rawa/rawa atu 158
reira/kora 38
riro/rirohanga 39
roto/runga 40

tā taku/taku 104
taea ... ki te/taea te ... 102
taea a [kaimahi]/taea e [kaimahi] 101
taea te ... i .../taea te ... 103
taea/āhei 41
taku nei mōhio/tōku nei mōhio 159
tamariki/tamaiti 42
tangata/tāngata 43
tango whakaahua/whakaahua(tia) 45
tango/unu 44
tatari/taihoa 46
tawhito/pakeke, o mua 47
te [hāngū] i/te [whiti] i 105
te reo me ōna tikanga/te reo me ngā tikanga 183
te whare ō Mere/te whare o Mere 106
tīni/huri, rerekē 48
tō ... i ... ai/tā ... i ... ai 108
tō huri/māu 141
to tātou whare/tō tātou whare 107
tohatoha/hoatu 50
tōku, ō/ōku, tō 184
tuahine/teina, tuakana 185
tūtuki/tutuki 49
tuwhera/whakatuwhera 51

waihotia, homaitia, hoatungia/waiho, homai, hoatu 52
whakamau/kuhu 53
whakapau/whakaheke 54
whakataka/tuku, kawe 55
whakatau/tau 56
whakawhānau/whānau 57
whānau/e te whānau 186

[wheako] ... [te/ngā]/[wheako] ...
   ki [te/ngā]   109
[wheako] i/[wheako] ki   110
[whiti] ... [te/ngā]/[whiti] ... i [te/
   ngā]   113

[whiti] ... e/[hāngū] ... e   111
[whiti] ... ki/[whiti] ... i   112
[whiti] mai .../[hāngū] mai ...
   115
whiwhi/he ... [tāu/tōu]   59

OTHER TE REO MĀORI RESOURCES FROM ORATIA BOOKS

Te Reo Kapekape — Māori Wit and Humour
Hona Black
978-1-99-004237-9   Ebook 978-1-99-004252-2
PB, 210 x 148 mm portrait, 308 pp, b&w

Celebrating tongue-in-cheek te reo, this book comprises of more than 130 humorous and colourful phrases that can be used in a variety of contexts. With plenty of examples, and written in Māori and English on facing pages, this is a valuable resource for language learners and fluent speakers.

He Iti te Kupu — Māori Metaphors and Similes
Hona Black
978-0-947506-91-9   Ebook 978-1-99-004205-8
PB, 210 x 148 mm portrait, 240 pp, b&w

Written in Māori with English on facing pages, this useful book explains the use, meaning and context of nearly 500 figures of speech in te reo. The metaphors and similes are classified in key categories, with examples from real life, providing a valuable reference for speakers, writers and readers of both te reo and English.

Te Reo Māori — The Basics Explained
David Kārena-Holmes
978-0-947506-69-8   Ebook 978-1-99-004204-1
PB, 210 x 148 mm portrait, 168 pp, b&w

Here is a simple guide to the building blocks of grammar in te reo, showing how to create phrases, sentences and paragraphs. After an introductory chapter on pronunciation and written forms of the language, 17 chapters introduce the main base words, particles and determiners that guide their use. Numerous real-life examples illustrate Māori grammar in everyday use.

Illustrated Māori Dictionary — Māori–English Essentials
A.W. Reed; illustrated by Roger Hart
978-1-99-004213-3
PB, 210 x 148 mm portrait, 144 pp, b&w

This concise dictionary provides English definitions for core Māori vocabulary, delving into associated meanings and derivations, and featuring over 250 illustrations to assist with understanding. Updated to reflect modern usage and culture, the work retains the classic design from the original 1965 edition.

Māori Place Names — Their Meanings and Origins
A.W. Reed, revised by Peter Dowling; illustrated by James Berry
978-0-947506-08-7   Ebook 978-0-947506-52-0
PB, 210 x 148 mm portrait, 152 pp, b&w

Pronounce and understand Māori place names with Reed's classic guide to meanings and origins of names across New Zealand, from Ahaura to Whitianga. This fourth edition is fully revised and updated, with maps showing principal names, hints on pronunciation, and beautiful illustrations from the original 1950 edition.

Available from good booksellers everywhere.

www.oratia.co.nz